독일 탈핵 시간표

2011년 이후 핵발전소 폐쇄 일정

영국

네덜란드

벨기에

룩셈부르크

자를

프랑스

2011년 8월 6일	운터베저 (니더작센)
	이자르1 (바이에른)
	필립스부르크1 (바덴뷔르템베르크)
	네카어베스트하임1 (바덴뷔르템베르크)
	비브리스A (헤센)
	비브리스B (헤센)
	크림멜 (슐레스비히홀슈타인)
	브룬스뷔텔 (슐레스비히홀슈타인)
2015년 6월 27일	그라펜라인펠트 (바이에른)
2017년 12월 31일	군트레밍겐B (바이에른)
2019년 12월 31일	필립스부르크2 (바덴뷔르템베르크)
2021년 12월 31일	부르크도르프 (니더작센)
	그론데 (니더작센)
	군트레밍겐C (바이에른)
2022년 12월 31일	이자르2 (바이에른)
	네카어베스트하임2 (바덴뷔르템베르크)
	링겐2 (니더작센)

독일 핵발전소 폐쇄 완료

덴마크

슐레스비히홀슈타인

브룬스뷔텔

브로크도르프

함부르크

크림멜

메클렌부르크포어포메른

운터베저

브레멘

니더작센

폴란드

브란덴부르크

베를린

링겐

하노버

그론데

르트라인베스트팔렌

작센안할트

작센

헤센

튀링겐

프랑크푸르트

체코

란트팔츠

비브리스

그라펜라인펠트

바이에른

필립스부르크

네카어베스트하임

바덴뷔르템베르크

군트레밍겐

이자르

프라이부르크

뮌헨

오스트리아

쇠나우

스위스

쇠나루 마을 발전소

일러두기

- 각주는 상추쌈 편집진이 독자들의 이해를 돕기 위해 단 것입니다. (58쪽, 143쪽 제외)
- 최신 정보가 필요한 대목은 원서와 달리 2012년 이후의 정보로 보강했습니다.
- 외화와 나란히 적힌 우리 돈 액수는 환율과 물가 상승률을 반영해 2018년 원화 가치로 환산한 것입니다. 연도에 따라 원화로 바꾼 금액이 크게 차이가 납니다.

SHIMIN GA TSUKUTTA DENRYOKUGAISHA
by Riho TAGUCHI
ⓒ Riho TAGUCHI 2012, Printed in Japan
Korean translation copyright ⓒ 2019 by Sangchu_ssam Publishing House
First published in Japan by Otsuki Shoten
Korean translation rights arranged with Otsuki Shoten
through Imprima Korean Agency.

Book in Book

100 GUTE GRÜNDE GEGEN ATOMKRAFT by EWS
ⓒ Elektrizitätswerke Schönau(EWS) 2012, Printed in Germany
Korean translation ⓒ 2019 by Sangchu_ssam Publishing House

시민이 이끈 **에너지 민주주의**

다구치 리호 글

김송이 옮김

상추쌈

주민과 마을이 기초가 되는 에너지 전환의 길

: 독일 쇠나우에서 배운다

윤순진 | 한국에너지정보문화재단 이사장, 서울대 교수

연구년이지만 시간을 내기가 참 어려웠다. 그런데 이 책을 받아 들고는 꼭 꼼꼼히 읽어 보고 싶었다. 오랜 시간 내가 《쇠나우 마을 발전소》를 들고 다니면서 읽는 모습을 본 이들이 벌써 이 책에 대해 궁금해한다. 표지가 너무 예쁘다고들 했다. 그래서 담긴 이야기는 더 멋지다고 대답했다.

'시민이 이끈 에너지 민주주의'. 바로 인구 2,500명이 사는 작은 도시, 쇠나우의 주민들이 이룬 성과를 축약한 말이다. 이 책은 에너지 문제에 별다른 관심을 두지 않았던 그야말로 평범한 시민들이 어떻게 오늘날과 같은 에너지 시민으로 성장해 나왔는지, 어떻게 인식과 행동을 바꾸며 핵발전 없는 사회를 만들어 가고 있는지를 더듬어 간다. 특히 시민들이 거대 전력회사와 맞서 전력회사를 세우고, "인간적이고 지속 가능하며 환경에 부담을 덜 지우는" 사회적 기업으로 운영해 온 과정을 충실히 담아낸다. 더불어 이들의 활동이 어떻게 독일 전역을 넘어 세계 여러 곳에 이르기까지 선한 영향을 미쳐 왔는지를 잘 보여 주고 있다.

이 조그마한 책은 체르노빌 핵발전소 사고 이후 30여 년에 걸쳐 시민이 중심이 되어 아래로부터 에너지 전환을 일궈 낸 쇠나우의 발자취를 꼼꼼히 적고 있다. 작지만 결코 작지 않은 이야기를 담고 있는 책이다. 책을 읽으며 나는 당연한 사실을 새삼스레 발견할 수 있었다. 체르노빌 직후의 독일 사회는 결코 오늘과 같지 않았다. 당시의 독일 사회와 오늘날 한국 사회는 참 많이 닮아 있다. 덕분에 '독일이니까, 독일 시민들이니까, 이렇게 시민이 참여하고 시민이 이끄는 에너지 전환이 가능한 거였구나.'에서 멈추지 않고, 독일이 먼저 걸었던 그 길이 우리에게도 불가능한 길이 아님을 깨달을 수 있었다. 한국과 독일 두 사회는 역사와 경제, 문화, 정치 등 여러 분야에서 작지 않은 차이가 있지만, 차이를 넘어 우리 또한 그와 비슷한 결과를 만들어 낼 수 있을 거라는 희망을 품게 되었다.

낙숫물이 바위를 뚫는다고 했다. 한 번 떨어지고 마는 것이 아니라 끈기 있게 계속 떨어져 내린다면 그 낙숫물이 끝내는 바위를 뚫을 수도, 그래서 바위를 쪼갤 수도 있지 않을까?

지금 우리 사회에서는 태양광 패널이나 풍력발전기 설치를 둘러싸고 갈등이 일고 있다. 예전에는 대규모 석탄화력발전소나 핵발전소가 들어서는 몇몇 지역에서만 갈등이 벌어졌다. 그런데 요즘은 태양광 패널이나 풍력발전기가 작은 규모로 나라 곳곳에 설치되다 보니, 사회 갈등이 전국적으로 일어나고 있는 느낌이다. 에너지원을 왜 바꿔 나가야 하는지에 대한 인식이 미흡한 상황에서, 제대로 된 정보를 해당 지역 주민들에게 알리거나 주민들이 참여할 수 있는 장치를 마련하려는 노력이 부족하다. 에너지 대전환이라는 새로운 방향과 가치를 사회 전체가 공유할 수 있도록 애쓰는 움직임도 충분치 않아 보인다. 재생에너지 사업이 개발 사업과 다를 바 없이 시설 입지와 운영 이익이라는 관점에서만 벌어지고 있기 때문은 아닐까?

이런 상황에서 《쇠나우 마을 발전소》 이야기는 이제 막 에너지 전환을 위한 걸음마를 떼고 있는 우리에게 의미 있는 등대가 될 수 있다. 우리는, 일본 후쿠시마 핵발전소 사고 이전에는 시민 단체가 중심이 되어 탈핵 운동을 벌여 왔다. 하지만, 이제는 우리 사회에도 일상의 공간에서 에너지 문제의 중요성을 인식하고 에너지 전환을 위한 실천에 동참하는 시민들이 조금씩 늘고 있다. 에너지 자립 마을이 생겨나는가 하면 에너지 협동조합도 만들어지고 있다.

　에너지 전환의 길을 먼저 열어 온 쇠나우의 주민들은, 여러 사람이 신명 나게 함께할 때, 조급해하지 않고 서로 다름을 인정하며 함께할 때, 제대로 길을 내고 꾸준히 이어 갈 수 있음을 보여 준다. 재생에너지를 늘리는 한편으로, 에너지를 아끼고, 효율을 개선해 에너지 소비를 함께 줄여 나가야 에너지 전환의 길이 비로소 열릴 수 있다는 것도 생생하게 드러낸다. 주민들의 인식을 바꾸고 함께 실천으로 옮기는 노력이 중요한 만큼, 재생에너지가 제대로 성장할 수 있는 법과 제도를 만드는 것 또한 참으로 중요하다는 사실도 쇠나우전력회사가 커 온 과정이 분명하게 알려 주고 있다.

　이 책의 말미에는 책 속의 책 《핵발전을 반대하는 합당한 이유 100가지》가 실려 있다. 핵발전을 찬성하거나 여전히 탈핵에 의구심을 가진 이들이 한 번이라도 이 글을 읽어 볼 수 있다면 어떨까?

　이 작은 책에 담긴 쇠나우 사람들의 이야기가 여기 우리 사회에서도 새롭게 쓰일 수 있기를 희망해 본다.

2018.12.24.

차례

쇠나우전력회사의 어제, 그리고 오늘

탈핵은 시민의 힘으로

그리고 지금

책 속의 책 핵발전을 반대하는 합당한 이유 100가지

머리말

2011년 3월 11일에 일어난 도쿄전력東京電力 후쿠시마福島 제1 핵발전소 사고는 독일에도 큰 영향을 미쳤습니다. 수십만 명이나 되는 시민들이 핵발전 반대 시위에 나섰고, 사고가 난 지 3개월 만에 독일 정부는 핵발전을 계속하겠다는 정책을 뒤집고 2022년까지 탈핵을 마무리하겠다고 결정했습니다.

남독일의 슈바르츠발트Schwarzwald라 불리는 지방에 쇠나우Schönau라는 작은 시가 있습니다. 슈바르츠Schwarz는 '검다'는 뜻이고, 발트wald는 '숲'이란 의미여서 두 낱말을 합치면 '검은 숲'이 됩니다. 이름 그대로 둘레가 아주 짙은 녹음에 휩싸여 공기가 맑은 고장입니다. 여름에는 야영, 겨울에는 스키를 즐길 수 있고, 공기 좋은 휴양지로 이름난 곳이 많습니다. 또한 프랑스, 스위스와 국경을 맞대고 있어서 다른 나라 문화의 영향을 받는 지역이기도 합니다.

쇠나우는 남서독일 변두리에 자리 잡고 있습니다. 제가 사는 북독일의 하노버Hannover에서 600킬로미터나 떨어진 곳입니다. 고속철도 이체ICE를 5시간 남짓 타고 프라이부르크Freiburg까지 간 다음 2시간쯤 버스를 탑니다. 버스는 2시간마다 1대가 다니는데, 아주 좁은 산길을 우불구불 달려갑니다. 길가에는 침엽수가 우뚝 늘어서 얼핏 낯익은 풍경이지만 군데군데 보이는 박공지붕이 이곳이 독일이라는 것을 떠올리게 합니다. 그다지 크지 않은 건물들이 점점이 서 있어 그야말로 자연 속에 사람들이 살고 있다는 것을 느낄 수 있습니다.

쇠나우 시는 인구가 약 2,500명입니다. 두 가지로 아주 유명한 고장이지요. 하나는 독일 축구 대표팀 감독인 요아힘 뢰브Joachim Löw입니다. 쇠나우에서 태어나 국내외 축구팀 선수로 활약했고 2006년부터 독일 대표팀 감독을 맡았습니다. 축구를 좋아하는 사람이라면 누구든 '요기Jogi'라는 애칭으로 불리는 야무진 옆얼굴을 떠올리지요. 또 하나는 쇠나우전력회사Elektrizitäts Werke Schönau, EWS입니다. 체르노빌Chernobyl 핵발전소 사고로 핵발전 반대 운동이 일어나면서 생긴 회사로, 1997년부터 자연에너지를 공급하고 있습니다. 이 둘은 독일뿐 아니라 세계에도 널리 알려졌습니다.

이 책은 쇠나우전력회사에 대해 다루고자 합니다. 시민운동이 전력 회사를 세운 아주 드문 사례입니다. 스스로를 '사회적 기업'이라고 부르고 있죠. 핵발전에서 완전히 벗어나고자 하는 '탈핵'을 목표로 조합원을 모으고 재생에너지를 생산합니다. 일반적인 전력 회사와 자신들을 분명히 구별 짓고 있습니다.

제가 처음으로 쇠나우전력회사를 찾아간 것은 2002년입니다. 일본 환경 단체와 함께 전력 회사의 중심인물이라 할 수 있는 슬라데크Sladek 부부를 만났습니다. 수염을 흔들며 호탕하게 웃는 남편 미하엘Michael 씨, 환한 웃음 뒤에 강인함이 느껴지는 아내 우르슐라Ursula 씨. 이들은 시민운동 초기부터 오랫동안 경영에 참여해 왔습니다. 쇠나우전력회사는 협동조합 형태의 회사로 미하엘 씨는 경영진 대표를 지내기도 했습니다.

두 사람은 됨됨이가 소탈해 금방 친구처럼 얘기를 나눌 수 있었습니다. 신념을 바탕으로 열심히 활동하는 모습이 마음에 와 닿았습니다. 친구가 되거든 이제 응원하고 싶어지겠죠. 사람을 끄는 매력이 있습니다. 우르슐라 씨는 "남편이 의사잖아요. 그러니까 제가 돈을 벌지 않아도 되거든요." 하고 말합니다. 아주 많은 일을 맡아서 하는데 그게 다 봉사죠. 하지만 패기 있게 척척 해내고 있었습니다. 회사에서 하는 일들이 자신의 신념과 딱 들어맞는다는 것을 알 수 있었습니다.

독일은 큰 나라이지요. 하지만 핵발전 반대 운동을 하다가 그 운동이 전력 회사 설립으로까지 나아온 건 여기뿐입니다. 1986년에 체르노빌 핵발전소에서 사고가 나자 앞으로 병을 얻어 몸이 아플지도 모른다는 걱정으로 시민들이 모인 것이 첫출발이었습니다. 그때 우르슐라 슬라데크 씨는 아이를 다섯이나 키우는 주부였습니다. 교사와 기술자, 경찰관, 의사, 주부에 이르기까지 다양한 이들이 모였습니다. 전력에 얽힌 일을 하는 사람은 한 사람도 없었습니다. 이들은 '핵 없는 미래를 위한 부모들Eltern für atomfreie Zukunft e.V., EfaZ'을 꾸렸습니다. 이 시민 활동을 발전시켜 처음으로 전력 독점이 정당한가를 묻는 주민 투표를 실시했죠. 거대한 전력

회사와 오랜 교섭 끝에 쇠나우전력회사를 세우고, 1997년부터 전력 공급을 시작한 것입니다.

이들은 모두 대가 없이 헌신했습니다. 전력을 공급하기 3개월 전에야 처음으로 유급 사원을 두었지요. 그때는 독일 전력 시장이 아직 자유화되기 전으로, 사원은 3명, 조합원 수는 1,700명이었습니다. 2015년 말에는 사원이 100명, 조합원 수는 16만 250명에 이릅니다. 크게 자랑할 만합니다.

쇠나우전력회사를 만든 이들이 처음부터 전력 회사를 세우고자 한 것은 아닙니다. 체르노빌 사고를 겪으며 "정부나 전력 회사는 아무것도 해 주지 않는구나. 이대로 두었다간 핵 없는 사회는 바랄 수 없겠다." 하고 깨달은 것이 시작입니다. 처음에는 '모든 핵 발전을 멈추고 100퍼센트 재생에너지로만 전기를 생산하겠다.'는 구상만이 있었던 겁니다. 그 결과로 회사가 생겨난 거지요.

"시작할 무렵에는 누구 할 것 없이 실패할 테니 아예 안 하는 게 좋겠다고 했어요. 하지만 꼭 성공할 거라는 믿음으로 덤볐는

데 진짜 이뤄 낸 거죠."

2012년에 제가 쇠나우를 다시 찾았을 때, 우르슐라 씨는 예순여섯이었습니다. 월급을 받는 직원으로 열심히 일하고 있었지요. 독일 여러 지역을 다니면서 강습회나 현장을 찾아 쇠나우 사례를 발표하고, 자연에너지를 추진하는 사람들에게 용기를 북돋아 주면서요.

우르슐라 씨는 전력 자유화가 이루어지지 않은 나라라도 전력 시장을 바꾸기 위해, 또 핵 없는 세상을 만들기 위해, 할 수 있는 일은 있다고 말합니다. 가정용 전력 시장을 풀고, 재생에너지를 우선으로 사들이면서 대안 에너지 시장을 키워 가고 있는 독일에서, 그 본보기가 될 만한 쇠나우전력회사가 어떻게 설립되고, 일을 해 나왔는지 살펴보겠습니다.

후쿠시마가 다시
독일을 깨우다

체르노빌 참사 25주년을 앞두고

2011년 4월 25일 월요일, 독일 곳곳에 있는 핵발전소 앞에서 시위가 벌어졌다. 후쿠시마 제1 핵발전소에서 폭발 사고가 난 지 한달쯤 지난 때였다. 마침 부활절이라 휴일이었고, 1986년 4월 26일에 체르노빌 핵발전소에서 폭발 사고가 난 지 25년째가 되는 즈음이기도 했다. 나도 북독일에 있는 그론데Grohnde 핵발전소로 갔다. 우리 집에서 42킬로미터밖에 안 떨어진 곳이라 사고가 나면 끝장이다. 남의 일이 아니었다.

그론데 핵발전소는 그림책 《하멜른의 피리 부는 사나이The Pied Piper of Hamelin》로 알려진 하멜른 교외의 한가한 들판 위에 있다. 가압수형 원자로로 발전 용량이 143만 킬로와트이다. 이 핵발전소의 주식 83퍼센트를 보유한 에온E.ON은 "세계에서도 열 손가락 안에

꼽힐 정도로 생산성이 아주 높은 핵발전소"라고 밝혔다.

독일 철도는 이날 시위 참가자들을 위해 임시 열차를 마련했다. 차 안은 빼곡했다. 핵발전소 앞에는 젊은이들, 노인들, 가족들, 그야말로 온갖 사람들이 1만 명에 이르렀다. 태반은 열차로 왔고 역에서 핵발전소까지 포장 안 된 마을 길을 3킬로미터나 걸었다. 저저마다 큰 북을 치는가 하면 펼침막을 들기도 했다. 핵발전을 반대하는 구호로 장식한 트랙터도 70대나 나왔다.

날씨는 따뜻했다. 역에서부터 이어진 길거리에는 깔끔한 집들이 줄지어 서 있었다. 몇몇이 창문으로 얼굴을 내밀고 무슨 일이 나는 듯 행렬을 바라보았다. 유모차를 끌고 산책을 나온 부부와 마주쳤다. 독일 정부가 조사한 바로는 핵발전소에서 5킬로미터 거리 안에 사는 어린이들의 백혈병 발병률은 평균치보다 2배나 높다고 한다. 평범한 일상인 듯 보이지만, 실은 위험한 환경인 셈이었다.

시위라 해도 평화로웠다. 따스한 오후 햇빛 아래, 핵발전소 주변에서 바람에 날리는 냉각탑 연기를 바라보며 그냥 편히 모로 눕던 것뿐이다. 핵발전소와 맞붙은 베저Weser 강에서 쪽배를 타는 참가자들도 있었다. 경찰도 많이 나와 있었지만 핵발전소 울타리에 몸을 기대서는 사람들을 그저 지켜볼 뿐이었다. 핵발전소 앞 도로에 설치된 무대에선 연설이나 음악이 흘러나왔다. 노래를 부르거나 북을 치는 아이들도 있었다. 공을 가지고 노는 가족들, 카드놀이를 하는 젊은이들도 보였다. 여느 때라면 공원으로 갔겠지만 어쩌다 보니 오늘은 이곳 들판으로 와 버린 듯한 분위기였다. 1977년 핵발전소가 처음 들어서던 때 말고는 이곳에서 이렇게 큰 시위가 열린 것은 처음이라고 한다. 1977년에는 2만 명이 참가했고 경찰은 시위를 진압하기 위해 최루가스를 썼다. 물대포를 쏘기도 했다. 하지만 핵발전소 건설은 계속되었고 1984년부터 발전소가 가동되기 시작했다.

이날 독일에서는 10만 명이 넘는 시민이 탈핵 시위에 나왔다. 후쿠시마 사고가 없었더라면 체르노빌 25주년이라 해도 이같이 많은 이들이 참여하기는 어려웠을 것이다. 후쿠시마 제1 핵발전소 사고는 세계 각국에, 특히 독일에 큰 영향을 미쳤다고 한다. 사고 직후부터 수십만에 이르는 시민들이 시위에 나섰고, 주 의회 선거에서는 핵발전소 건설을 추진하는 현 여당 표가 줄었다. 사고 후 독일 정부가 2022년 탈핵을 결정한 것도 이처럼 아래에서 솟구쳐 올라온 압력이 컸다.

시민이 원한 탈핵

발전 원료 가운데 석탄은 독일산이 있지만 값이 비싸고, 석유와 천연가스는 수입을 해야 한다. 우라늄도 마찬가지로 밖에서 들여온다. 그래서 독일은 바람, 물, 햇빛, 지열 같은 재생에너지 발전을 추진했다. 1991년 전력매입법Stromeinspeisungsgesetz에 따라 재생에너지 매입이 의무가 된 뒤, 2011년에는 재생에너지가 전체 에너지 생산의 20퍼센트를 차지했다.

2000년에는 재생에너지법Erneuerbare Energie Gesetz, EEG이 통과되면서 자연에너지를 고정 가격으로 매입하는 것이 결정되었다. 20년 동안 고정 가격이 유지된다면 채산이 맞는 셈이라, 재생에너지는 곧 투자 대상이 되었다. 태양광 패널을 집집이 지붕에 얹거나 학교에다 설치했다. 사옥에 설치하는 기업도 나타났다. 시민 단체가 나서 시민들 힘으로 풍력발전소를 세울 수 있도록 돕는가 하면, 여러 농가가 모여 생물 자원을 이용해 에너지를 생산하는 바이오매스 시설을 만들었다. 곳곳에서 분산형 에너지 생산이 시작되었다. '10만 지붕 햇빛에너지 발전 계획100,000 Dächer Programm'처럼 국가나 지방자치단체가 추진하는 사업도 성과를 올렸다.

1998년부터 전력 시장이 자유화되면서 독일 사람들은 전력 회사를 고를 수 있게 되었다. 인터넷에 전기 요금을 견주는 사이트가 있어 각 회사를 쉽게 비교할 수 있다. 우편번호를 입력하면 그 지역에 전력을 공급하는 회사 목록이 주르륵 뜬다. 독일 전역에 1천 개 가까운 회사가 있고, 각 지역마다는 150개~200개 정도 된다. 이 중에서 전력을 골라 사는 것이다. 전력 회사를 바꾸는 것도 간단해서 바꾸고 싶은 회사를 선택하면 그 회사가 여태까지 쓰던 회사와 계약을 끊는 일도 알아서 처리한다.

"후쿠시마 핵발전소 사고로 독일은 2022년 탈핵을 결정했다."고 하지만 엄밀히 따지면 노동자들이 많이 지지하는 사민당사회민주당, SPD과 환경 정책을 중시하는 녹색당 연립 정권이 2000년에 벌써 정해 놓았던 일이다. 그랬던 것을 정권이 바뀌고 보수인 기민당기독교민주연합, CDU과 자민당자유민주당, FDP 연립 정권이 들어서, 2010년 가을, 핵발전소 가동을 연장하기로 뒤집었다. 구형 원자로는 8년, 신형 원자로는 14년 동안 가동 기한을 연장할 수 있다고 해 탈핵을 뒤로 미룬 것이다. 후쿠시마 핵발전소 사고가 나기 반 년 전 일이다. 핵발전소를 보유한 기업들이 바라던 바였다. 각 지역에서 반대 운동이 일어났지만 법안은 가결되었다.

2011년 3월 11일 후쿠시마 핵발전소에서 사고가 터지자, 기민당의 앙겔라 메르켈Angela Merkel 총리는 3일 만에 모든 핵발전소를 점검하고 반 년 전에 결정한 가동 기한 연장을 3개월 동안 집행유예

한다고 발표했다. 15일에는 노후 원자로 8기를 잠정적으로 멈추겠다고 결정했고, 그 중 2기는 곧바로 영구 정지시켰다.

시민들 반응도 빨랐다. 사고 사흘 뒤인 3월 14일에는 450군데가 넘는 도시에서 한꺼번에 시위가 일어났다. 21일에는 600군데에서 11만 명이 탈핵 시위에 참가했고, 26일에는 21만 명이 베를린을 비롯한 도시 4곳에서 대규모 시위를 벌였다. 4월 26일이 체르노빌 사고 25주년이라 그렇잖아도 하루 전인 25일에는 각 지역 핵발전소 주변에서 탈핵 시위를 벌일 예정이었는데 후쿠시마에서 사고가 터지자 상상도 못 했던 숫자가 모인 것이다.

정부는 후쿠시마 사고 직전까지만 해도 핵발전소는 안전하다고 큰소리쳐 놓고, 사고가 나자 곧바로 임시 정지를 결정하는 바람에 외려 불신을 낳았다. 야당도 주 의회 선거를 앞둔 태세 전환이 아니냐고 비판을 쏟았다. 결국 남독일의 바덴뷔르템베르크Baden-Württemberg 주 의회 선거에서 기민당이 졌다. 58년 만에 정권을 넘기게 된 것이다. 첫 녹색당 주지사가 나왔다. 브레멘Bremen 같은 주에서도 여당은 전보다 표를 적게 얻었다. 특히 자민당은 크게 패한 데다 의석을 못 챙긴 주마저 있었다. 현 정권의 구심력이 확 떨어진 것이 분명했다. 녹색당은 약진했다. 같은 해에 실시한 여론 조사에서 독일 사람들은 80퍼센트가 탈핵을 바라고 있다고 대답했다.

독일에서는 1957년부터 2004년까지 연구용과 상업용을 합쳐 약 110기에 이르는 원자로를 짓고 가동했다. 상업용으로는 1962년부터 전력을 공급한 칼Kahl 핵발전소를 시작으로 약 40기가 가동되었지만, 짓다가 그만두거나 다 짓고 쓰지 않는 것도 얼마쯤 있다. 체르노빌 사고가 난 뒤로 새로 지은 상업용 원자로는 없다. 이미 건설 중이던 그라이프스발트Greifswald 핵발전소가 1989년에 가동을 시작한 게 마지막이다. 후쿠시마 핵발전소에서 사고가 난 2011년, 독일에서는 핵발전소 17기에서 20퍼센트가 넘는 전력을 생산하고 있었다.

녹색당은 30년도 더 전부터 탈핵을 추진해 왔고 2000년에 탈핵을 결정할 때는 여당으로서 큰 역할을 했다. 하지만 벌써 그 무렵부터 정권이 바뀌면 탈핵안이 뒤집히지 않을까 하는 걱정이 나왔다. 2010년 가을 결정된 가동 연장으로 그 걱정이 들어맞은 셈이 되었지만, 후쿠시마 핵발전소 폭발 사고로 방향을 틀지 않을 수 없게 된 것이다. 후쿠시마를 겪으며 시민들의 생각은 '탈핵'으로 굳어졌고 독일 정부는 그것을 무시할 수 없었다.

후쿠시마에서 되풀이된 비극

독일의 탈핵 운동은 1960년대부터 시작되었다. 그러고서 한때 잠잠해졌다가 1986년 체르노빌 핵발전소에서 폭발 사고가 일어나자 다시 격렬히 터져 나왔다. 당시 독일에서도 농작물이나 우유에서 방사능이 검출돼 많은 사람들이 두려움에 떨었다. 특히 우

칼카르 핵발전소는 1985년에 완성됐지만 경제부 장관이 심사를 늦추는 사이 체르노빌 사고가 나, 한 번도 가동하지 못한 채 1991년 폐로로 결정되었다. 1억 5백만 마르크(1,164억 원)라는 돈이 물거품이 되었다. 연료봉 같은 방사성물질이 반입되기 전이라 그 땅은 유원지로 바뀌었다. 지금은 해마다 25만 명이 넘는 이들이 그곳을 찾는다. 결국 1970년대에는 16기, 1980년대에는 14기가 움직이기 시작했는데, 체르노빌 핵발전소 사고 이후 새롭게 건설된 것은 없다.

르슐라 슬라데크 씨같이 아이들을 키우는 엄마들의 걱정이 컸다. 체르노빌 이후, 칼카르Kalkar 핵발전소처럼 다 짓고서도 안전성이 떨어진다며 가동을 못 한 발전소도 있다.◾

이번에 일어난 후쿠시마 핵발전소 사고는 많은 독일 사람들에게 체르노빌의 공포를 되새기게 했다. 노란색 바탕에 빨간 해님이 웃고 있는 '핵발전? 안 돼요.Atomkraft? Nein Danke.' 마크를 가게 출입문이나 베란다, 자동차에 이르기까지 곳곳에서 볼 수 있었다.

독일 언론은 매일같이 후쿠시마를 보도했다. 독일의 반응은 전 세계에서 가장 극단적이었다고 한다. 독일 대사관은 일본에 머물고 있는 자국민들에게 피난을 권했다. 기업들은 곧바로 주재원들

을 귀국시켰고, 루프트한자Lufthansa 항공은 도쿄東京 취항을 중단했다. 독일 텔레비전은 도쿄에서 오사카大阪로 지국을 옮겼다. 독일에서는 방사능 측정기가 동났고, 방사능 확산 상황이나 수치가 상세히 발표되었다. 한편 일본 사람들이 공포에 떨거나 폭동을 일으키지 않는다는 것을 신기해했다. 사람들이 너나없이 침착하게 사태를 받아들이는 것에 놀라움을 금치 못했던 것이다. 물이나 먹을거리를 배급받기 위해 줄을 서서 기다리고, 피붙이가 죽었는데도 남을 돕고 있는 일본인들의 정신세계를 높이 평가하는 독일 사람들이 많았다.

한편 일본 정부의 대응은 늦었다. "당장은 영향을 미치지 않는다."는 말만 되풀이하며 정확한 정보를 전하지 않았다. 독일 사회는 이를 두고 "체르노빌이랑 똑같다."며 매섭게 비판했다. 체르노빌 때 소련이나 동·서 독일 정부가 더디게 대응하면서 쌓인 불신이 머릿속에 남아 있었기 때문이 아닐까. 사고 지역에서 1,500킬로미터 넘게 떨어져 있는데도 방사능이 검출되었다. 그때 두려움에 떨던 독일 사람들은 일본 후쿠시마의 방사능 난민들을 생각하며 가슴 아파했다.

남독일의 프라이부르크나 쇠나우 주변에서 탈핵 운동이 성한 것은 그만한 이유가 있다. 강 건너 프랑스에도 핵발전소가 있고,

체르노빌 때 날아온 방사능이 여태껏 들에서 나는 버섯이나 야생 멧돼지들에서 검출되고 있기 때문이다.

쇠나우 시민들은 체르노빌 사고로 핵발전의 위험성을 절실히 깨달았다. 이들이 어떤 활동을 시작했고, 어떻게 어려움을 헤쳐나가며 스스로 전력 회사를 세우게 되었는지는 다음 장에서 소개하겠다.

독일 거리 곳곳에 등장한 '핵발전? 안 돼요.'

후쿠시마 사고 이후에 독일 거리 여기저기에서 '핵발전? 안 돼요.' 마크를 보게 되었다. 노란 바탕에 빨간 해님이 빙그레 웃고 있다. 아파트 창문이나 베란다를 비롯해 자전거나 자동차, 유모차에 붙인 사람들도 있다. 핵발전 반대를 상징하는 표시인데 체르노빌 이후로 널리 퍼졌다.

2011년 3월, 후쿠시마 핵발전소 사고로 독일에서는 각 지역에서 탈핵 시위가 자주 일어났다. 그때 너나없이 들고 온 게 바로 이 '핵발전? 안 돼요.' 마크가 새겨진 깃발이나 티셔츠, 가벼운 천 가방 따위였다. 시위 때만이 아니라 가게 진열창에 살짝 달아 놓거나 수첩이나 가방에 붙이고 다니는 이들도 있다. 탈핵 운동가들뿐만 아니라 일반 시민들도 많이 찾아 한때는 동이 나기도 했다.

내가 사는 하노버에서도 시위 때마다 깃발 수백 개가 휘날리는 모습이 그야말로 장관이다. 붙임딱지도 많이 보인다. 하노버 역 뒤쪽 광장에는 핵폐기물을 고어레벤Gorleben으로 들여오는 것을 반대하는 운동을 기려 큰 돌에다 이 마크를 새겨 놓았다.

이 마크는 1975년, 스물두 살 난 덴마크 여학생 안네 룬트Anne Lund가 그린 것이다. 본래는 덴마크어로 쓰여 있었고 노동절 행사에 쓰려고 배지 500개를 만든 것이 시작이었다. 이게 유럽 각국으로 퍼진 이유는 크게 3가지다.

- 시위와 탈핵 운동은 아무래도 심각한 이미지가 있다. 하지만 이 마크는 "핵발전?" 하고 질문을 던진다. 그래 놓고 "안 돼요." 하고 대답하는데, 정확하게는 "나인 당케.Nein danke." 말하자면 고맙지 않다는 뜻이다. 정중히 답하고 있어 친근한 느낌이 난다.
- 태양이 핵에너지를 대신할 수 있다는 것을 알린다.
- 한눈에 그 뜻을 알 수 있는 그림과 말로 되어 있다.

1977년에 벌써 16개 나라에서 100만 개가 넘는 배지가 만들어졌다고 한다. 저작권은 당시 덴마크에 있는 탈핵 운동 단체가 갖고 있었지만 나중에 재단으로 넘겼다. 환경 단체들이 이 마크를 쓰고자 할 때는 이 재단에 사용료를 내야 한다. 이 돈은 다시 탈핵 운동에 쓰인다. 현재는 45개가 넘는 언어로 번역돼 전 세계에서 쓰이고 있다고 한다.

후쿠시마 핵발전소 사고 이후에는 새로운 마크가 등장했다. "후쿠시마는 경고한다. 핵발전을 멈춰라!Fukushima mahnt; Alle AKWs Abschalten!"라는 글귀로 테두리를 둘렀다. 웃고 있던 빨간 해님이 놀란 얼굴을 하고 있다.

시민운동이
전력 회사를
세우기까지

쇠나우는 남독일의 이른바 '검은 숲' 안에 있는 작은 시로 스위스와 프랑스 국경이 아주 가깝다. 길게 뻗은 산골짜기를 따라 2,500여 명이 산다. 가톨릭 신자가 많고 보수 정당인 기민당이 지지를 받고 있다. 면적의 80퍼센트가 산이라 '공기 좋은 휴양지'로 널리 알려진 곳이다. 지방의 한가한 읍을 떠올리게 한다. 시가지 중심부에는 납작한 돌이 깔린 광장이 있고, 12세기에 세워진 마리에 힘멜파르트 성당Mariä Himmelfahrt Kirche이 오랜 아름다움을 자랑하고 있다. 90미터나 되는 탑 위에서는 시간마다 종소리가 울려 퍼진다. 둘레로 오래된 건물이 많이 남아 있어 그야말로 중세를 방불케 한다. 나무가 울창해 산책이나 크로스컨트리 따위를 1년 내내 즐길 수 있다.

한편 솔을 만드는 회사나 오토바이 모터를 만드는 공장도 있고,

법원과 병원, 대학 입학 자격을 얻을 수 있는 중등 교육기관 김나지움도 있다. 작은 지자체 치고 없는 게 없는 고장이다.

쇠나우에서 북쪽으로 30킬로미터 떨어진 곳에 프라이부르크가 있다. 22만 명이 사는 도시로, 1992년 독일 환경지원협회가 개최한 '자연과 환경 보호를 위한 연방 수도'를 뽑는 대회에서 우승하면서 독일의 '환경 수도'로 인정받은 곳이다. 쇠나우나 프라이부르크 같은 도시는 본디 탈핵 운동이 활발했다. 1970년대에 스위스나 프랑스, 독일 같은 나라들이 모두 국경 가까이에 핵발전소를 건설하려 했기 때문이다. 국경 가까이에 들어선 핵발전소에서 사고가 난다면 바람이 부는 방향에 따라 이웃 나라가 더 큰 피해를 입을 수도 있다. 하지만 이웃 나라 주민들은 그걸 결정할 처지가 못 되지 않나. 자국 시민들이 목소리를 낼 수밖에 없는 문제였다. 결국 독일은 1975년 뷜Bühl 핵발전소 건설을 막아 냈다. 유럽에서도 가장 활발하게 탈핵 운동을 펼친 나라다. 산성비가 숲을 파괴하지 못하도록 자연을 보호하는 운동도 한창으로, 베우엔데BUND, 독일환경자연보호연합가 애쓰고 있다.

모든 일의 시작, 1986년 체르노빌

1975년에 프랑스 국경이 가까운 남독일의 뷜에서 핵발전소를 짓기로 한 부지를, 반대하는 시민들이 점거하는 운동이 일어났다. 이때부터 독일의 반핵 운동은 점거를 통해 반대하는 뜻을 직접 행동으로 보이는 형태로 달라졌다. 2월 23일에는 2만 8천 명이 모였고 시위대 가운데는 프랑스나 스위스에서 온 이들도 있었다. 경찰이 물대포를 쏘며 진압하는 바람에 시위대는 오히려 시민들의 공감을 얻게 되었다. 3월 21일에는 프라이부르크 법원이 잠정적으로 건설을 중지할 것을 권고했다.

애초에 이 반대 운동은 발전할 때 나는 연기가 이 일대 와인용 포도 농사에 안 좋은 영향을 미치지 않을까 하는 걱정에서 시작되었다. 그러다 핵발전에 관한 정보가 늘자 방사능의 위험성이 반대 운동의 중심이 된 것이다. 2년 뒤 법원은 "금이 가는 것을 막는 설비" 즉 사고가 났을 때 방사능이 절대 새어 나오지 않도록 막는 안전 조치를 취하도록 요구했다. 이것은 돈이 많이 드는 일이라, 전력 회사는 결국 건설을 포기했다.

1986년 4월 26일 토요일, 소련의 체르노빌 핵발전소에서 폭발 사고가 일어났다. 모든 일은 거기서 시작되었다.

27일 늦은 오후, 서독에서 "소련 핵발전소에서 사고가 난 것 같다."는 보도가 나왔다. 핀란드나 스웨덴에서는 공기 중에 떠다니는 방사성물질이 검출되었다. 그때 우르슐라 슬라데크 씨는 스키를 타다가 다리가 부러져서 집에서 쉬던 참이었다. 우르슐라 씨는 초등학교 교사였지만 아이가 다섯이라 휴직을 하고 집에서 지내고 있었다. 남편 미하엘 씨는 의사라 방사능 피해에 대해 배운 바는 있지만 실생활에서는 인연이 없는 사람이었다.

28일이 되자 사고가 터진 곳이 '체르노빌 핵발전소'라는 게 밝혀

졌지만 29일이 되어도 텔레비전에 서울에서 후쿠시마는 1,240킬로
미터 떨어져 있다.
서는 사고 규모를 상세히 보도하

지 않았다. 쇠나우는 1,600킬로미터나 떨어져 있지만 괜찮을까?▪
소련 정부는 30일 들어 처음으로 사고를 인정했다. 5월 1일에는
독일 환경부가 요오드131, 세슘134와 세슘137이 독일에서도 검출
됐다고 발표했다. 체르노빌 핵발전소 사고로 느닷없이 '핵발전소'
나 '방사능'이란 말들이 독일 사람들의 삶 속으로 들어왔다.

텔레비전 방송국 아르떼Arte가 제작한 다큐멘터리를 잠시 살펴
보자. 아르떼는 프랑스와 독일이 공동으로 운영하는 방송국으로
르포나 영화를 주로 제작한다. 2009년에 만들어진 〈구름―체르
노빌과 그 이후Die Wolke–Tschernobyl und die Folgen〉는 체르노빌 사고로
독일 사회가 얼마나 혼란스러워 했는지를 잘 보여 준다.

독일은 위도가 시베리아만큼 높아서 겨울이 길고 어둡다. 그
래서 사람들은 봄이 오기를 목마르게 기다린다. 하지만 5월의 맑
은 하늘, 공기 중에 방사성물질이 떠다니고 있다면 아이들을 밖에
서 놀릴 수가 없다. 엄마들은 사태를 아주 심각하게 받아들였다.
"아이들을 밖에 내보내도 되나요?", "뭘 먹어야 하죠?", "공기는 괜
찮은 건가요?" …… 사람들은 "괜찮은 거야? 안 되는 거야?" 하며
생활 속 모든 면에서 스스로 답을 찾아야 했다. 하지만 정확한 정

보는 얻을 수 없었다. 시내에는 사고 전에 포장된 장기 보존 우유를 찾는 사람들이 몰렸고, 체르노빌에서 조금이라도 더 멀리 떨어진 곳에서 생산된 먹을거리나 통조림을 찾는 사람들로 넘쳐 났다. "핵발전소 사고가 난 줄 모르고 아이들을 밖에서 놀게 했다."며 격분하는 엄마들 목소리가 방송을 탔다.

방사능 측정을 맡고 있는 독일 기상청에는 문의 전화가 끊이지 않았다. 하지만 내무부는 기상청이 정보를 공개할 수 없도록 막았다. 내무부 장관 프리드리히 치머만Friedrich Zimmermann은 텔레비전으로 기자회견을 열어 "우리는 자료를 파악하고 있고 상황은 통제되고 있다. 우리에게 미치는 위험은 없다." 이렇게 단언하며 공황 상태로 치닫지 않도록 무마하려 들었다.

시민들은 독일도 사고가 날 위험이 있지 않느냐고 목소리를 높였지만 정부는 독일 핵발전소는 안전성에 문제가 없다고 발표했다. "체르노빌 핵발전소는 냉각 체계가 1개지만 독일은 4개다. 그러니까 4배나 안전하다."고 떠드는 전문가도 나왔다. 1959년부터 핵에너지에 관한 홍보를 맡아 온 독일원자력포럼Deutsches Atomforum은 벤츠Mercedes Benz나 독일은행Deutsche Bank, 지멘스Siemens AG 같은 대기업의 지원을 받아 핵발전소의 안전을 선전하는 활동을 대대적으로 벌였다. 독일 핵발전소는 안전하다며 버젓이 신문에 발표하기도 했다.

"정부는 뭔가를 숨기고 있고 우리는 버림받은 거다, 이런 마음이 가시지 않았거든요."

의심을 품은 엄마들이 곳곳에서 모임을 꾸리기 시작했다. 많은 이들이 핵발전 반대 시위에 참가했다. 지지 정당을 가리지 않았다. 시민들은 스스로 방사능을 측정하기 시작했고 방사능 측정기는 5월 초에 벌써 몽땅 팔려 나갔다. 측정기를 공원에 가져갔더니 바늘이 크게 휘더라는 소식도 텔레비전에 나왔다. 오염된 양상추나 우유가 버려졌다. 소련 정부가 사고를 곧바로 알리지 않았다며 비판이 잇따랐고 서독 정부는 정보를 더디게 공개한 탓에 분노를 샀다.

독일 정부는 5월 7일에 "우리 국민에게 미치는 위험은 없다."고 발표했지만 방사선방호위원회Strahlenschutzkommission, SSK는 5월 8일 기자회견에서 우유가 안전하냐는 물음에 "어린아이한테는 분유를 주면 된다."고 밝혔다. 정부는 채소, 버섯, 우유 같은 먹을거리에 대해 방사능 허용치를 올렸다. 녹색당의 요슈카 피셔Joschka Fischer 의원은 "한 살 난 아이가 우유 1리터를 마시면 여태껏 먹던 1년 치 허용량의 2배를 마시는 것이 되지 않나! 이건 받아들일 수 없다."고 항의했다.

정부는 5월 말이 되자 사태가 수습되었다고 발표했지만 시민들의 불안은 가시지 않았다. 그때 인간유전학연구소Instituts für Humangenetik의 카를 스펄링Karl Sperling 박사는 체르노빌 사고 9개월 뒤인 1987년 1월에 베를린Berlin에서 다운증후군 아기가 10명이나 태어났다고 보고했다. 보통은 2명, 많아도 3명인데 10명이라니 너무 많다며 "체르노빌 영향이 아니고서는 설명이 안 된다."고 했다. 이 조사 결과는 큰 논란을 낳았다.

각 주마다 일정한 자치가 보장되어 있는 독일과는 달리 정보를 중앙정부가 집중적으로 장악하고 관리하는 프랑스에서는 문제가 심각했다. 프랑스는 국가 정책으로 핵발전소를 추진하고 있는 데다가 당시에도 65퍼센트에 이르는 전력을 핵발전으로 해결하고 있었다. 텔레비전은 "바람이 이쪽으로 안 불어서 프랑스로는 버섯구름이 오지 않는다."고 보도했고 내무부는 무료 안내 전화를 설치해 "겁에 질릴 필요 없다. 위험하지 않다."는 말만 되풀이했다. 프랑스 핵발전소들은 공기 중에 떠다니는 방사능을 측정해 높은 수치가 나오고 있다는 것을 확인했지만 프랑스 정부는 정보를 공개하지 말라고 지시했다. 그래서 사람들은 여느 때처럼 장을 보러 나갔고 날마다 거둔 채소를 신선하다고 여기며 먹었던 것이다. 하지만 이탈리아나 독일 쪽에서 정보가 조금씩 들어오기 시작하고 시민들도 스스로 방사능 수치를 측정하는 일이 늘면서 프랑스에서도 정부 발표가 거짓이라는 게 드러났다.

동독은 소련 정부에서 연락을 받았지만 국민들에게 정확한 정보를 알리지 않았다. 동독에는 소련제 원자로가 2기 가동되고 있었다. 국민들이 두려워 떠는 것을 막아야 하고, 핵발전을 계속해야 되고, 소련을 비판하기는 힘들고……. 이런저런 까닭으로 동독 정부는 사고를 은폐했다. 몇 주가 지나자 갑자기 채소가 헐값에 팔리기 시작했다. 서유럽이 거부한 채소가 동유럽으로 엄청나게 들어왔기 때문이다. 많은 시민들은 5월 하늘 아래 밖에서 놀고, 텃밭에서 가꾼 채소를 거두어 먹었다. 하지만 서쪽에서 소식이 전해지면서 점차 핵발전에 대한 불안이 커져 갔고, 일부는 핵발전 반대 운동에 나서기도 했다. 물자를 운반하는 차량은 국경에서 오염도를 검사한 뒤 서독으로 들여보냈고, 동독 트럭 기사들은 국경 앞에서 차량을 씻어 냈다. 방호복도 없이 세차를 하고, 세차에 쓴 물은 그냥 아무 데나 버렸다. 그 트럭 기사들 가운데 나중에 암에 걸려 희생된 이가 많았다고 한다.

우르슐라 씨는 사고 당시를 돌이키며 "그때 맛본 무력감은 잊을 수가 없다."고 했다. 딸아이가 둘, 아들아이가 셋. 다섯 살부터 열세 살까지였다. 부모로서 어찌해야 하나 고민이 깊었다. 슬라데크 가족은 1977년, 숲이 우거져 자연이 온전히 남아 있는 '검은 숲' 속 쇠나우로 이사 왔다. 풍요로운 대자연 속에서 아이들을 키우고 싶었다. 그런데 사고가 터진 뒤로는 아이들을 밖에 내보내는 것도 겁이 났다. 슬라데크 부부는 본디 정치나 환경 문제에 크게 관심을 두던 이들이 아니었다. 삶의 터전이 위협당하고 아이들의 안전이 위태로워지면서 핵발전에 대해 진지하게 생각하게 된 것이다.

이번에 후쿠시마 핵발전소 사고가 일어났을 때도 사고 직후 독일에서는 방사능 측정기가 동났다. "독일 사람들은 체르노빌 사고 때 느꼈던 공포를 잊지 못해서 그래요." 하고 우르술라 씨는 말한다. 1만 킬로미터나 떨어져 있지만 일본에서 일어난 사고는 결코 남의 나라 일이 아니었다. 게다가 "당장 이렇다 할 위험은 없다."고 되풀이해서 말하는 일본 정부의 태도는 체르노빌 사고 당시의 독일 정치가들과 꼭 같았다.

독일에서 체르노빌 사고는 시민이나 정치가들이 핵발전을 바라보는 시각에 결정적인 영향을 미쳤다. 사고가 나고 몇 주가 지난 뒤 '환경·자연보호·핵발전소 안전부'라 불리는 오늘날의 환경부가 설립된 것이다. 사민당은 탈핵을 요구했고, 보수적인 기민당의 헬무트 콜Helmut Kohl 총리도 핵발전 의존도를 줄이는 방침을 내놓았다. 사고에 대해 서독 시민 58퍼센트가 위협을 느꼈다고 답했고,

핵발전을 반대하는 이들도 늘었다. 그래서 체르노빌 이후, 핵발전소가 새롭게 건설되는 일은 사라졌다.

남독일의 바이에른Bayern 주 환경부는 체르노빌 사고 영향으로 지금까지도 야생동물 고기나 버섯에서 세슘이 검출된다고 밝히고 있다. 땅에 떨어진 방사성물질은 식물 뿌리에 흡수되어 잎으로 자라고, 잎은 말라 땅에 떨어진다. 따라서 방사능 수치는 시기에 따라 차이가 크게 난다. 연방 환경부는 야생 고기나 버섯은 적게만 먹는다면 몸에 미치는 해는 거의 없다고 말한다.

우리 힘으로 핵 없는 사회를

사고가 나고 몇 달이 지나면서 소동은 슬슬 가라앉기 시작했다. 그렇다고 방사능이 사라진 것은 결코 아니다. 쇠나우에 살던 볼프 디터 드레셔Wolf Dieter Drescher 씨와 자비네 드레셔Sabine Drescher 씨 부부는 지역 신문에 작은 광고를 실었다.

> 체르노빌 이후 아이들이나 손주들 미래에 위기감을 느끼는 사람은 없습니까? 무엇을 해야 할 것 같은데 뭘 어떻게 해야 할지 모르는 사람은 없습니까? 방사능과 화학물질로 환경이 아주 위태로운 형편인데 그걸 가만히 보고만 있을 수는 없다고 여기는 동지를 찾고 있습니다.

이 광고를 보고 뜻있는 지역 사람들이 10명쯤 모여 매주 얼굴을 맞대기 시작했다. 슬라데크 부부나 불프 스프링하트Wulf Springhart 씨와 베로니카 스프링하트Veronika Springhart 씨 부부를 비롯해 체르노빌 사고가 나기 몇 주 전에 아기를 낳은 이도 있었다.

"체르노빌 사고가 났으니 이제 정부나 전력 회사가 대책을 마련해 줄 거라고 생각했어요. 이렇게 비참한 사고가 벌어졌는데 뭔가 하겠지……. 하지만 변화는 일어나지 않았어요. 바꾸고 싶다면 우리 힘으로 시작해야 한다는 걸 느꼈죠."

우르슐라 씨는 이렇게 돌이켰다. 남편 미하엘 씨도 "탈핵은 작은 것에서부터 시작해야 한다. 큰 정치를 단숨에 바꾸기는 어렵다."는 생각으로 힘껏 활동하기 시작했다.

이렇게 하여 '핵발전을 반대하는 부모들'이 꾸려졌다. 그러다 곧 모임 이름을 '핵 없는 미래를 위한 부모들'로 바꾸고 1987년 5월에 정식 단체로 출발했다. 정치나 전력 회사가 움직이기를 기다리는 게 아니라 스스로 핵 없는 사회를 만들어 나가자는 뜻을 이름에 담았다.

"핵이나 환경 문제에 대해 아무런 지식도 없었습니다. 하지만 알고 싶다는 마음 하나로 열심히 공부했죠. 그러다 에너지를 헤프게 쓰고 있는 게 큰 원인이라는 걸 깨달았어요."

우르술라 씨가 꼬집은 대로 핵발전을 추진하게 된 데에는 전기를 낭비하는 생활 태도가 한몫했다는 것을 돌아보게 되었다. 이 문제를 풀려면 소비자로서 뭘 해야 할까? 전력 소비량은 해마다 늘어나기만 한다. 지역마다 대기업이 전력 회사를 독점하고 있어 발전소를 더 많이 세우려고 안달이다. 그런데 독일에는 석유가 나는 기름밭은 없고 천연가스는 러시아 부근에서 사들이고 있다. 국산 석탄은 너무 비싸서 경쟁이 안 된다. 그래서 결국 독일은 핵발전을 시작한 것이다.

생활의 질을 낮추지 않고 필요 없는 전력 소비를 줄일 수 없을까? 전력 소비가 줄면 핵발전에 덜 기대게 될 것이다. 무엇보다 사람들은 전력에 관해 너무 무관심하다. 아무 생각 없이 달마다 청구서가 오면 그저 돈을 낼 뿐이다. 전력이란 시민들 생활에 깊이 얽힌 중요한 사항인데 이처럼 등한하다는 건 문제가 아닐까? 전력 회사는 가장 전력이 많이 필요한 순간에 맞춰 늘 전기를 많이 만들고 있다. 이것도 사람들이 전기를 별생각 없이 쓰고 싶은 대로 쓰기 때문이다.

🔌 방을 비울 때는 반드시 전기를 끈다.
🔌 난방을 할 때는 창문을 열지 않는다.

🏺 음식을 할 때는 냄비 뚜껑을 덮는다.

🏺 세탁기는 60도가 아니라 40도로 돌린다.

 이렇듯 대수롭지 않은 일로 전기를 아낄 수 있다는 것을 알았다. 더러워진 옷을 그냥 입거나 식은 밥을 그대로 먹으라는 것이 아니다. 삶의 질을 무너뜨리지 않고도 절약할 수 있지 않은가. 이것은 슬라데크 부부가 생활 속에서 체험으로 얻어 낸 결과였다. 전력에 대한 생각을 바꾸기만 해도 뜻밖으로 효과가 나타났다. 전력 소비가 가장 많은 시간에는 세탁기를 돌리지 않는다거나 난방 온도를 1도 내리는 것처럼 조그만 노력이 세상을 바꾸는 첫걸음이 될 수 있다. 이걸 많은 사람들이 함께 실천하면 된다. 이웃에게 권하자고 결정했다. 이렇게 해서 '핵 없는 미래를 위한 부모들'은 시민들에게 에너지 절약을 호소하기 시작했다.

즐기면서 계속할 수 있도록

 이들은 에너지 절약 책자를 펴내고 시민들 상담을 받기로 했다. 시에서 무슨 행사가 열릴 때마다 정보 센터를 설치해 전력이나 에너지 절약에 대해 설명했다. 또 지역 상점을 설득해 에너지를 아낄 수 있는 전자 제품을 할인 판매하도록 했고, 에너지 절약 기기를 살 수 있는 대출 상품을 마련해 달라며 은행과 교섭을 벌이기도 했다. 하지만 시민들은 전력 정보 센터라니, 여태 듣도 보도 못한 시도를 의아한 눈으로 볼 따름이었다.

많은 이들에게 에너지 절약에 대해 얘기해도 "중요하다는 건 아는데 그게 쉽지가 않죠." 그런 반응이었다. 이것도 힘들고 저것도 힘드니 결국은 못 한다는 거였다. 사람들은 에너지를 아끼는 게 좋은 일이라는 걸 알면서도 실천하지 않았다.

그러다 '혼자 하려니까 재미가 없네. 다 같이 즐겁게 하면 어떨까?' 하고 1988년부터 에너지 절약 경연 대회를 시작했다. 첫해에는 관공서나 병원, 김나지움 같은 곳에서 140개 팀이 참가했다. 지역 기업이나 상점들 도움을 받아 상품도 준비했다. 1등 상품은 이탈리아 버스 여행권이었고, 환경 퀴즈 우승자는 유명 음식점 식사권을 주기로 했다. 상품이 화려해 사람들의 마음을 살 수 있었다. "스위치를 끄자! 그리고 즐기자!"라는 구호대로, 심각해지지 않고 즐기면서 계속할 수 있도록 힘썼다.

에너지를 아끼면 전기 요금이 줄어든다는 걸 알게 되면서, 점차 흥미를 보이는 사람이 불어났다. 그 결과 반 년 동안 쇠나우에서 4만 4천 킬로와트시를 절약했다. 참가자 평균 20퍼센트, 그 가운데는 50퍼센트를 줄인 사람도 나왔다. 경연을 열면서 모르고 지내던 주민들하고도 가까워질 기회가 생겼다.

한편 더 많은 사람들이 관심을 가질 수 있도록 의료 강연이나 어르신들 모임, 로큰롤이나 고전음악을 들을 수 있는 음악 축제도 꾸렸다. 그리고 행사가 진행되는 중간에 아주 간결하게 에너지 절약에 대해 얘기했다. 길게 하면 싫증도 나고 거부감이 들 수 있어 핵심만 전달하는 게 중요했다. 또 절전하는 방법을 알기 쉽게 담은 연극 〈전기 도둑Wattkiller〉을 만들어 무대에 올렸다. 공연단은 곳곳에서 인기를 끌었다. 그러면서 이들은 더 많은 사람들을 알게 되었고, 이것이 훗날 아주 큰 보탬이 되었다.

효율적으로 전기를 아끼자면 전력 사용량을 파악하는 게 무엇보다 중요하다. 그러자면 전자 제품마다 측정기를 설치해야 했다. '핵 없는 미래를 위한 부모들'은 쇠나우에 전기를 공급하던 대기업 라인펠덴전력회사Kraftübertragungswerke Rheinfelden AG에 도움을 청했다. 텔레비전이나 냉장고 같은 전자 제품이 저마다 전기를 얼마나 먹는지 정확히 알고 싶었다. 볼프디터 드레서 씨는 전에 이 회사에서 직업 훈련을 받은 적이 있어 창고에 측정기가 많이 남아 있다는 걸 알고 있었다. 그이는 모임을 대표해 라인펠덴전력회사에 면담을 신청했지만 라인펠덴전력회사는 측정기를 빌려주기는커녕 얘기를 제대로 듣지도 않고 내쫓다시피 했다.

하지만 쇠나우에서 일어난 시민 활동은 서서히 언론의 주목을 받으며 신문이나 잡지에 보도되기 시작했다. 주간지 〈슈피겔Der Spiegel〉은 "전국이 쇠나우처럼 절전한다면 연간 이산화탄소 864만 톤이 줄어들 것이다." 이렇게 평가했다. 이런 여러 활동을 통해 '핵 없는 미래를 위한 부모들'은 조금씩 사람들의 생활 속으로 파고들어 갔다. 전력에 관련된 일뿐 아니라 쓰레기 줄이기나 승용차 함께 타기처럼 환경 부담을 더는 데 도움이 되는 여러 운동을 꾸리고 실천했다.

슬라데크 부부의 집은 회원들이 모이는 마당으로 변했다. 처음에는 주말에만 모였는데 점차 평일 저녁에도 모이기 시작했다. 이들은 에너지에 관한 방대한 자료를 함께 읽고 공부했다. 큰 식탁은 좀처럼 비지 않았고, 의논거리나 반짝이는 생각이 수시로 오갔다. 적포도주를 마시면서 농담 삼아 얘기한 것들이 실현된 적도 한두 번이 아니었다.

이런 가운데 미하엘 슬라데크 씨는 1989년 지역에서 에너지 변혁을 실현해 보고자 시의회 의원이 되었다.

에너지 절약에서 에너지 자급으로

연방 정부가 있는 본Bonn으로 에너지경제법Energiewirtschaftsgesetz, EnWG 개정을 호소하러 나간 것도 이즈음이다. 전쟁 전에 만들어진 케케묵은 법률에 기대 전력 시장이 운영되고 있다는 것을 알게 되면서, 에너지 시장 구조를 바꾸기 위해서는 낡은 법률을 뜯어고치지 않으면 안 된다고 생각했기 때문이다. 정치인들에게 편지를 쓰기도 하고 열심히 진정하러 다녀 보기도 했지만 그들은 제대로 상대해 주지 않았다. 바뀌는 것은 아무것도 없었다.

우르슐라 씨는 "그 무렵엔 자주 본으로 나가 정치인들을 만났어요. 몇 사람은 그나마 호의를 품고 만나 주었지만 대부분은 제대로 들으려고도 하지 않았거든요. 근데 그때 써서 부친 편지를 다시 읽어 봤더니 내가 보기에도 이게 무슨 말인가 하는 부분이 있더라구요. 이래서는 안 된다 싶었어요. '검은 숲'에 사는 주민들이 색다른 일을 꾸미고 있구나 하는 식으로 생각했겠죠." 하고 웃었다. 1990년 독일이 통일됐을 때에도 옛 동독 인민회의에 편지를 써서 기존의 에너지경제법을 받아들이지 말아 달라고 요청했지만 소용없었다.

에너지에 대해 공부하면서 열의를 품고 덤볐지만 법이 개정될 기미는 전혀 보이지 않았다. '부모들'은 좌절했다. 하지만 다들 무률을 맞대고 토론하며 지난 일을 되짚었다. 어째서 실패했을까? 뭐가 잘 안 됐던 것일까? 그러다 방법이 틀렸다는 데 생각이 미쳤다. 정부에 호소하고 법률을 개정해 달라고 요청하기만 하면 세상이 달라질 거라고 여겼던 것이다. 남들에게 부탁만 해서는 세상은 달라지지 않는다는 것을 깨달았다. "다시 한 번 해 보자. 방법을 바꿔 보자." 하고 또다시 일어섰다.

"에너지 시장을 바꾸기 위해서는 돈의 흐름을 바꿔야 한다."며 1990년에 분산형에너지설비회사Gesellschaft für dezentrale Energieanlagen mbH, Gedea 게데아를 세우고 슬라데크 부부의 집에 사무실을 차렸다. 이들은 에너지를 절약하는 한편 이미 있는 에너지 자원을 최대한으로 이용할 수 있도록 하자는 목표를 세웠다. 구체로는 재생에너지나 열병합발전cogeneration, 코제너레이션을 이용하고 촉진하기로 했다. 열병합발전은 발전하면서 나오는 열을 다시 에너지를 만드는 데 쓴다. 에너지를 더 효율성 있게 이용하는 장치다. 독일에서는 보통 천연가스를 쓴다.

분산형에너지설비회사의 디터 셰퍼Dieter Schäfer 씨는 "에너지 경제는 지금껏 에너지를 낭비하는 체제를 만들어 왔죠. 우리한테 필요한 건 환경을 지킬 수 있는 에너지 공급입니다."라고 말한다.

"처음에는 출자자를 모으는 게 아주 어려울 거라고 생각했어

1990년 5월 24일 독일 남부 휘핑겐Hüfingen 시의 작은 언덕 아우엔베르크Auenberg에 높이 31미터짜리 풍차가 들어섰다. 에너지 자급과 분산을 오랫동안 고민해 오던 디터 셰퍼 씨가 체르노빌 이후 시민들의 돈을 모아 세운 것이다. 이 풍차는 독일 최초의 자립형 에너지 발전 시설로 역사에 기록되었다.

쇠나우 사람들이 디터 셰퍼 씨를 만나게 된 것도 그 무렵이다. "시민의 손으로" 에너지를 생산해 보자며, 31명이 뜻을 모아 분산형에너지설비회사를 쇠나우에 세웠다. 무르하르트Murrhardt에도 사무실을 둬, 디터 셰퍼 씨가 운영하도록 했다.

첫 공식 업무는 쇠나우송전선매입회사 Schönauer Netzkauf GbR 창립이었다. 그 뒤로 무르하르트는 시민들의 손으로 이곳저곳에 다양한 발전 시설을 세워 재생에너지를 확대하고자 노력했고, 쇠나우는 탈핵 전력을 공급할 수 있도록 쇠나우의 송전선을 사들이고자 애썼다. 그러다가 바이오가스발전소를 세우려는 계획을 추진하면서 분산형에너지설비회사는 본사를 무르하르트로 옮긴다.

게데아는 지금 지주회사 아래 발전소 운영 회사 12곳, 주식회사 5곳을 두고, 꾸준히 환경친화적 에너지 발전 시설을 시민의 힘으로 늘려 가고 있다.

요. '재생에너지에 돈을 낼 사람이 있을까?' 그랬죠. 하지만 막상 시작해 보니 좋은 안을 내고 그걸 솜씨 있게 기획할 수만 있다면 돈이 모인다는 걸 알았어요. 출자하고자 하는 사람들은 얼마든지 있더라구요."

우르슐라 슬라데크 씨는 이렇게 돌이켰다. 분산형에너지설비회사를 통해 시민들이 스스로 에너지를 공급하려는 구상이 꼴을 갖춰 나가기 시작했다.▪

거대 전력 회사와 맞서다

그 무렵 쇠나우에 전력을 공급하고 있던 곳은 라인펠덴전력회사로 머리글자를 따 '카베에르KWR'라고도 불린다. 1894년에 설립되었는데, 1898년에는 당시 유럽에서 가장 큰 규모였던 라인펠덴 수력발전소를 돌려 남독일에 전력을 공급했다. 하지만 1959년 프랑크푸르트Frankfurt에 있는 원자로 회사를 시작으로 핵발전 관련 기업에 출자하기 시작했고, 스위스의 핵발전소 2곳에도 출자했다. 라인펠덴전력회사에 전력 공급을 맡기기 전에는, 쇠나우 시가 자체 수력발전소에서 68년 동안 스스로 전력을 공급해 왔다. 하지만 돈벌이가 된다며 1974년에 송전선, 변압소를 비롯한 모든 설비를 60만 마르크(12억 2,926만 원)를 받고 라인펠덴전력회사에 팔아넘겼다. 라인펠덴전력회사는 시 소유 전력원이던 수력발전소를 폐지했다. 쇠나우의 시민들은 라인펠덴전력회사가 다른 곳에서 사들이는 전력을 쓰게 되었다. 전력 공급을 맡아 오던 직원은 라인펠덴전력회사로 옮겨 일을 계속했는데, "수력발전소 폐지는 정말이지 괴로웠다."고 당시를 돌이켰다. 이 결정으로 쇠나우 사람들은 핵발전이 만드는 전력을 40% 넘게 쓰게 되었다.

라인펠덴전력회사는 계약 기간이 아직 4년이나 남아 있는데도, 1990년 8월, 전력 공급 계약을 갱신해 달라고 시 당국에 요구했다. 20년 추가 공급 계약을 미리 체결해 준다면 10만 마르크(1억 1,329만 원)를 내겠다는 얘기였다. 시민들이 벌이는 '에너지 절약 운동'이나 '핵 없는 마을 만들기 운동'에 위기를 느낀 것이다. 시민들이 전기를 아낀다는 건 자기네 벌이가 줄어드는 일이라 라인펠덴전력회사는 탐탁지 않아 했다.

본디 법에는 전기 공급 계약을 맺을 때 1년 동안 일반 가정에서 거둔 전기 요금의 3퍼센트, 상공업에서 거둔 전기 요금의 1퍼센트를 계약금으로 시에 지불하도록 정해져 있다. 하지만 그 해 5월, 독일 경제부는 "인구가 3천 명이 안 되는 시와 계약을 새로 맺을 때는 5퍼센트를 지불해도 무방하다."고 결정했다. 이를 바탕으로 라인펠덴전력회사는 쇠나우 시가 계약을 일찌감치 갱신해 준다면 우리가 5퍼센트를 계약금으로 지불할 테니 차액분이 당장 시에 남는 수입이 될 거라고 귀띔한 것이다.

시민 단체는 라인펠덴전력회사에 대화를 요구했다. 핵발전에 자본을 투자할 뿐 아니라 핵발전소가 생산한 전력을 공급하기도 하는 회사이지만 쇠나우만이라도 환경을 배려한 전력을 공급할 수 있지 않겠나 기대했다. 쇠나우를 미래 에너지 본보기 도시로 만들면 어떠냐는 것이다. 지역의 햇빛발전소나 수력발전소를 활용해 핵발전에 기대지 않은 전기를 쇠나우에 공급하고, 전기를 아끼는 만큼 값이 싸지는 요금 체계를 만드는 것. 이게 시민 단체의 구상이었다.

하지만 라인펠덴전력회사는 "환경을 보호할 수 있는 지침에 협력해 달라? 지자체하고 맺는 계약서는 어디나 같다. 토씨 하나, 쉼표나 마침표까지 똑같다."며 시민들 요청을 귓등으로 들어 넘겼다. 미하엘 슬라데크 씨는 라인펠덴전력회사와 공동으로 출자해 새로운 회사를 만들려는 계획도 세워 두었지만 라인펠덴전력회사는 상대도 하지 않았다. 독점기업이었던 전력 회사는 지금으로서는 상상도 못 할 만큼 강경한 태도를 보였다. 시민들 요구를 들어줄 이유가 티끌만치도 없었던 것이다. 라인펠덴전력회사는 "우리는 전력을 팔아 돈을 버는 회사야. 영업 방해로 소송 안 하는 것만 해도 고마워 하라고."라며 을렀다.

"그때 라인펠덴전력회사가 순순했다면 오늘날 쇠나우는 없었을 거예요."

우르슐라 씨는 말한다. "전력을 공급할 수 있는 곳은 우리밖에 없다."는 말에서 독점기업의 오만함을 보았다. 인정사정없이 냉담한 태도에 시민들은 생각을 바꿀 수밖에 없었다.

"그렇다면 우리 힘으로 하자."

여태껏 해 오던 일들이 없던 일이 되지 않도록 친환경 전력을 스스로 공급해야겠다고 결정했다. 그러자면 시에서 전력 공급권을 따내야 하고, 그보다 먼저는 라인펠덴전력회사한테서 송전선을 사야 했다. 1990년 11월, 이들은 우선 라인펠덴전력회사의 공급 계약 갱신을 막기 위해 시민들을 설득하기 시작했다.

송전선을 왜 사야 할까?

1998년에 전력 시장이 자유화되기 전까지는 송전선을 소유한다는 것은 그 지역 전력 공급을 도맡는다는 의미였다. 송전선을 소유한 기업만이 그 지역에 전력을 공급할 수 있다는 건 한국과 마찬가지로 독점 시장이었다는 뜻이다. 쇠나우 시민들이 스스로 전력을 공급하기 위해서는 라인펠덴전력회사에서 송전선을 사들이는 수밖에 없었다. 당시, 송전선 매입은 지역의 에너지 전환에 꼭 필요한 조건이었다.

1990년 11월 30일 시민 31명이 5만 마르크(5,664만 원)를 출자해 쇠나우송전선매입회사를 세웠다. 수력발전이나 열병합발전 같은 재생에너지를 추진하자면 송전선 매입은 필수 조건이었다. 이제 라인펠덴전력회사와는 전면으로 맞서게 되었다. 언론은 대기업을 들이받는 자그마한 조직을 '전력 반군Stromrebellen'이라고 부르며 대립 구도로 보도했다. 쇠나우송전선매입회사는 라인펠덴전력회사가 조기 계약 갱신을 위해 물기로 한 할증 요금과 같은 돈을 시에다 내기로 했다. 시는 이제, 라인펠덴전력회사와 계약 갱신을 서두를 필요가 없어졌다. 이 공급 계약이 끝날 때까지 쇠나우송전선매입회사와 라인펠덴전력회사 중에 어느 쪽 전력을 사들일 것인지 차분히 검토할 시간을 벌었다.

쇠나우송전선매입회사는 라인펠덴전력회사가 계약을 갱신하는 일은 막았지만 시에 낼 돈을 마련해야 했다. 1년에 3만 마르크(3,398만 원)씩이 필요하니 앞으로 4년 동안 1년에 100마르크(11만 3천 원)씩 내 줄 시민 300명을 확보하기로 했다. 나중에 송전선 매입이 잘 되면 출자금은 이자가 붙어 돌아오겠지만 잘 안 되면 손해가 나는 일이었다. 4년이면 400마르크(45만 3천 원)에 이르는 돈이라 과연 출자자들이 얼마나 나타날지 불안했다. 하지만 막상 시작해 보니 6주 동안 282명이 참여해 연간 3만 2천 마르크가 마련되었다.

그런데 전력을 직접 공급하고 싶어 하는 시민들 뜻을 시장도 존중해 줄 거라고 여겼지만 아니었다. 리하르트 베라Richard Böhler 시장은 "주부, 의사, 교사, 기술자 들이 모여서 뭘 할 수 있어? 100년이나 전력을 공급해 온 전문적인 회사가 있는데 말이요. 왜 비전문가한테 사들여야 하나?" 하고 되물었다.

이듬해 1월이 될 때까지 시의회는 아직 어느 쪽을 택할지 정하지 못했다. 다행히 전국의 언론들 눈길이 쇠나우로 쏠렸다. 베라

Spannung는 전압이라는 뜻과 긴 장이라는 뜻을 모두 담고 있다.

시장은 언론 공세에 마지못해 쇠나우송전선매입회사가 진짜 전력을 공급할 수 있을지 볼 수 있게 계획서를 내라고 했다. 법적·기술적·재정적 문제를 해결해 어떻게 환경친화적인 에너지를 안정적으로 공급할 것인지를 알기 쉽게 보일 필요가 있었다.

쇠나우송전선매입회사에는 슬라데크 부부를 비롯해 전력 전문가는 한 사람도 없었다. 알음알음으로 볼프강 잔더Wolfgang zander 박사를 소개받았다. 베트BET Energie라는 에너지 자문 회사를 운영하고 있는 젊은 기술자였다. 잔더 씨는 벌이가 시원찮은 일이라는 것을 알면서도 일을 맡아 주었고, 5월까지 600쪽에 이르는 계획서를 완성했다.

바덴뷔르템베르크 주 지자체 심의회도 이 계획서를 높이 평가했다. 그리고 선택지는 하나보다 2개 있는 게 더 좋으니 두 제안서를 차분히 살펴보라고 시에 조언했다. 생태적인 관점, 시민 참여, 분권형, 전력 공급 공공화라는 내용도 좋지만 경제적이며 실현 가능한 계획이라 쇠나우송전선매입회사와 계약을 맺는 게 어떻겠냐고 슬쩍 권하기도 했다.

1991년 6월, 〈디 차이트Die Zeit〉에 실린 기사 '전압(긴장) 아래 마을Ein Dorf unter Spannung'■은 쇠나우의 시민 활동을 독일 전역에 알렸다. 거대 독점자본 특유의 수법을 쓰는 라인펠덴전력회사에 곳곳에서 비판이 쏟아졌다.

라인펠덴전력회사는 7월 3일, 계약 기간을 20년이 아니라 14년으로 줄이자고 제안했다. 그러면 시의회가 결정하기 쉬워질 거라고 계산했던 것이다. 1991년 7월 8일, 라인펠덴전력회사 지지파인 베라 시장은 라인펠덴전력회사의 요구를 받아들이자고 시의회에 건의했다. 핵발전을 오래도록 지지해 온 보수파 기민당 의원 전원이 찬성해 7대 6으로, 고작 1표 차이로 라인펠덴전력회사와 계약을 갱신하는 것이 결정되었다.

주민 투표로 시민의 뜻을 묻다

송전선 매입파는 시의회가 갱신에 찬성하리라는 것을 내다보았다. 의원들이 속한 정당과 면면을 보면 대충 짐작할 수 있는 일이었다. 쇠나우 시 조례를 보면 유권자 10퍼센트가 찬성하면 주민 투표를 실시할 수 있다. 시민 단체는 "시의회 결정에 시민들은 동의하지 않고 있다."며 이의를 제기했다.

지금이야 주민 투표는 예삿일이지만 1991년만 해도 쇠나우에서 처음 있는 일이었다. 반대파 의원들은 "주민 투표? 그런 건 민주주의에 어긋난다."고 말할 정도였다.

이튿날인 7월 9일부터 서명을 모으기 시작했다. 8월 2일에 청구 요건의 2배에 이르는 559명의 서명이 모였다.

투표 날짜는 10월 27일로 정해졌다. 매입을 지지하는 시민들은 '네, 쇠나우.Ja zu Schönau.' 운동을 펼쳐 나갔다. 아이들 축제나 산악 자전거 경주, 어르신들 모임 따위를 열어 홍보하고, 환경을 살리는 활동을 다룬 광고지를 만들었다. '네.Ja.'라고 쓴 하트 모양 과자도 몇 천 장이나 구워서 돌렸다.

하지만 정당 지지는 받지 않았다. 시 전체의 방침을 정하는 것이니만큼 정파에 치우치면 안 된다고 여겼기 때문이다. 우르슐라 씨는 "에너지 절약은 보수 의원도 할 수 있다. 당의 방침이라는 좁은 굴레에 옭아매서는 안 된다."며 녹색당의 지원도 마다했다.

주민 투표 운동은 날마다 치열해졌고 논의는 달아올랐다. 라인펠덴전력회사파 시장이나 기민당 의원, 일부 기업 관계자들이 "시민 단체가 전력을 공급한다는 건 경제적으로 말이 안 된다."는 광고지를 집집마다 뿌렸다. 모든 사람이 서로 다 아는 사이라 해도 과언이 아닌 작은 지역에서 여론이 둘로 나뉘어 싸우게 되었다.

9월에는 라디오 방송국이 쇠나우의 전력 사정과 시를 둘로 가르는 주민 투표에 대한 70분짜리 생방송을 마련했다.

사회자는 "쇠나우는 민주주의의 살아 있는 예"라고 소개하며 긍정파와 부정파의 토론회를 시작했다. 쇠나우송전선매입회사에서는 미하엘 슬라데크 씨와 볼프강 잔더 박사가 나섰다. 라인펠덴전력회사 측은 라인펠덴전력회사 이사 클라우스 타일지피에Klaus Theilsiefje 씨와 리하르트 베라 쇠나우 시장이 나왔다. 기민당의 정무차관 베른트 슈미트바우어Bernd Schmidbauer 씨도 참석해, 시민들이 세운 송전망 매입안에 어떤 반응을 보일지 눈길을 끌었다. 결국 그는 시민들 말에 고개를 끄덕이는가 싶더니 매입에 반대하는 기민당 당원을 추켜세우는 식으로 일관성 없는 태도를 보였다. 정치하는 사람은 상대에 따라 보이는 얼굴이 다르다, 이게 시민들이 산 정치에서 얻은 교훈이었다.

회원들은 시민들의 힘으로 전력을 공급하는 게 어떤 의미가 있는지를 설명하러 돌아다녔다. 다른 고장에서 이사 온 사람들이 하는 운동이라고 오해받지 않도록 토박이들을 앞세워 활동했다. 1977년부터 쇠나우에서 살고 있는 슬라데크 일가는 몇 세대를 이어 살아온 토박이하고는 다르다. '핵 없는 미래를 위한 부모들'을 함께 시작한 경찰관 발터 비첼Walter Witzel 씨나 볼프디터 드레서 씨가 바쁘게 뛰었다.

"주민 투표를 통해서 정치를 많이 배웠어요. 우리가 옳다는 것

만으로는 안 되는 거예요. 늘 친구가 돼야 해요. 남을 존중하는
게 정치에서 성공하는 비결이라는 걸 알게 됐지요."

우르슐라 씨는 이렇게 말했다.

시민운동이 바빠지자 집으로 돌아가는 시간이 늦어졌다. 우르
슐라 씨는 "큰아이 셋은 얼추 커서 걱정 없었지만 밑에 아들아이
둘은 힘들었다"며 당시를 돌이켰다. 바쁜 부모 덕분에 자녀들은
일찍부터 앞가림하는 법을 배웠다. 아이들은 때때로 평범한 가족
이기를 바랐고, 집이 느닷없이 시민 단체 활동가들과 기자들 차지
가 되어 버릴 때면 분통을 터뜨리기도 했지만, 대개는 부모의 일
을 관심 있게 지켜보며 자랑스러워했다. 부부가 회의하다 늦게 돌
아오면 아이들은 벌써 자고 있었다. 한번은 우르슐라 씨가 돌아온
걸 알아채고는 자고 있던 막내가 "엄마, 이겼어요?" 하고 물었다.
우르슐라 씨는 "꿈을 꾸었나 보네." 하고 대답했다. "아이들은 부
모가 자주 집을 비웠어도 자유로운 시간을 맘껏 누릴 수 있어서
그런지 크게 좋지 않은 영향은 없었나 봐요." 한다. 다섯이나 되니
하나는 헛길을 갈 법도 한데 다행히도 핵발전 업계에 들어간 아이
는 없다며 웃었다.

드디어 투표 날이 왔다. 투표율은 74.3퍼센트였고, 55.7퍼센트에
이르는 729표가 쇠나우송전선매입회사가 전력을 공급하는 데 찬

성했다. 44.3퍼센트인 579표는 라인펠덴전력회사와 계약을 갱신하는 것을 지지했다. 주민들 다수는 매입을 바란 것이다. 라인펠덴전력회사 쪽 한 의원은 결과를 듣고 "그건 불가능해. 있을 수 없는 일이야."라고 했다고 한다.

시민들 찬성을 얻기는 했지만

쇠나우송전선매입회사는 시민들의 동의를 얻어 냈다. 하지만 어려움이 다 해결된 것은 결코 아니었다. 전력을 실제로 공급하려면 경제성 같은 여러 측면에서 실현이 가능하다는 것을 증명해 주 정부 경제부의 인정을 받아야 했다. 외부 기관이 심사하고 평가를 내리는데, 반대파 시장이 고른 회사는 프라이부르크에 있는 에나곳사Energossa GmbH였다.

열병합발전을 추진하는 회사로 이름이 높은 로트바일전력공사Energieversorgung Rottweil, ENRW의 세무사 발터 볼츠Walter Bolz 씨 도움을 받기로 했다. 볼츠 씨는 쇠나우를 다룬 텔레비전 방송을 보았다며 기분 좋게 승낙해 주었다. 또 40킬로미터 떨어진 발츠후트팅엔전력공사Stadtwerken Waldshut–Tiengen, STW에서 상업적·기술적 지원을 받기로 했다. 발츠후트팅엔 시는 시장이 핵발전소 추진파인 기민당 소속이라 지원이 가능할까 걱정했지만, 시장이나 시의원들이 다행히도 찬성했다.

1992년 2월에 사무실을 옮겨 새롭게 문을 열었다. 북쪽 해안에 가까운 항구도시 함부르크Hamburg에서 기후학자 하르트무트 그라슬Hartmut Graßl 씨가 이 사무실을 찾았다. 800킬로미터나 떨어진 남독일의 '검은 숲'을 직접 방문한 것이다. 쇠나우의 일은 이제 독일 전체가 주목하는 일이 되어 버렸다. 그라슬 박사는 쇠나우 시민이 바라는 일을 기후를 보호하는 관점에서 더욱 발전시켜 나갔다. 그때는 '기후 보호'나 '지속 가능한 사회'라는 말이 지금처럼 널리 퍼지지 않았을 때였다. 이런 속에서 환경을 지키면서 전력을 공급하려는 쇠나우 시민의 생각은 획기적인 것이었다.

독일에서는 2000년에 재생에너지법이 정비되었다. 비싼 고정 가격으로 재생에너지를 사들이는 것이 법제화되면서 재생에너지에 투자하는 게 유행이 되었지만 쇠나우 시민들의 실험은 훨씬 전 일이었다. 이익을 좇는 게 아니라 핵 없는 사회를 만들려던 의지가 낳은 움직임이었다.

1992년 5월에는 제1회 쇠나우 전력 강습회를 열었다. 전국에서 125명이 참가했는데, 시·읍·면의 기초 의원들도 많이 왔다. 지자체들은 환경을 보호할 수 있는 에너지 정책에 관심이 높았다. 어떤 정책이 실행 가능할까 하는 연구 발표나 토론은 열기를 띠었다. 연구 발표회는 나중에도 꾸준히 이어지게 되어, 글라슬 박사도 강사로 이따금 참여하고 있다.

한편 라인펠덴전력회사는 시민들의 활동을 적대시하며 꿋꿋이 계약 갱신을 고집했다. 같은 해 11월에는 계약이 끝나기 전에 갱신을 하면 매년 5만 5천 마르크(6,132만 원)를 지불하겠다고 시에 제안했다. 이 제안이 법적으로 허용되는 것인지는 의문이었다. 하지만 쇠나우송전선매입회사도 그에 맞서는 처지라 할 수 없이 1994년 말까지 28만 마르크(23억 1,220만 원)에 이르는 계약금을 내겠다고 약속했다.

1993년 7월 환경영향평가 결과가 발표되었는데, 쇠나우송전선매입회사가 사들이는 편이 낫다는 결론이 나왔다. 쇠나우 시는 열과 전기를 생산하는 열병합발전소를 100군데 넘게 설치하기에 적합할 뿐 아니라, 공공시설에서 에너지를 절약할 수 있는 대책 면에서 볼 때도 그러하다고 했다. 환경을 지키면서도 경제적인 에너지 정책을 실현할 수 있다는 것이 증명된 셈이다. 시민들이 끌어낸 방안은 탁상공론에 머물지 않고, 승산이 있는 현실적인 계획이라는 것을 인정받았다.

1993년 9월에 시장 선거가 치러졌다. 베라 시장은 출마하지 않았고 쇠나우 시 토목과에서 일하던 베른하르트 제거Bernhard Seger 씨가 새 시장이 되었다. 시는 송전선 매입파와 라인펠덴전력회사 파로 갈라진 상태였지만 제거 시장은 양쪽 의견에 귀를 기울였다. 둘은 다시 냉정한 논의를 벌일 수 있게 되었다. 새로운 시장은 많은 시민이 납득하는 것이 중요하다며, 조그마한 차이가 의회 결정을 가를 경우에는 주민 투표로 시민의 뜻을 묻겠다고 약속했다. 덕분에 객관적인 토론이 이루어지면서 감정적으로 부딪히는 일이 줄었다.

하지만 송전선을 사들일 자금도 문제였다. 전력을 공급하기 위해서는 반드시 송전선이 있어야 했다. 그 큰돈을 어떻게 마련할 것인가? 골치가 아팠다. 함부르크의 기업가 미하엘 잘펠트Michael Saalfeld 씨가 쇠나우송전선매입회사에 관심을 보이며, 필요한 자금을 내놓겠다고 나섰다. 일간지 〈디 차이트〉가 보도한 바로는, 잘펠트 씨는 "'검은 숲'의 환경친화적 기획에는 개인 자본을 투자할 가치가 있다."면서, 이자가 10퍼센트 아래로 내려가지는 않을 것으로 보았다고 한다.

그 해에 '핵 없는 미래를 위한 부모들'은 함부르크의 잘펠트 씨를 찾아갔다. 잘펠트 씨가 출자하게 되면 재정적으로는 안정된다. 하지만 시민운동은 어떻게 되는 것일까? 대형 출자자가 나서면 시민운동이라는 토대는 무너지지 않을까? 사람들은 기업가가 출자한 회사를 전처럼 도와줄까?

"우리는 시민운동을 하고 있는 거다."

이들은 결국 잘펠트 씨가 제안한 출자는 받지 않기로 했다. 그리고 아는 사람의 소개를 받아 게엘에스 은행GLS Bank▪에서 도움을 얻기로 결정했다.

잘펠트 씨는 나중에 자연에너지 공급 회사 '리히트브리크LichtBlick'를 세웠다. 현재 고객이 60만 명이 넘는다고 한다. 독일에서 네 손가락에 꼽히는 주요 자연에너지 회사들 가운데서도 가장 큰 규모를 자랑한다. 폭스바겐Volkswagen의 엔진을 이용해 작은 열병합식 '가정발전소'를 만들기도

▪ "수상한 돈은 받지 않는다.", "더러운 사업에는 돈을 대지 않는다." 게엘에스 은행의 대출과 투자는 지독할 정도로 엄격한 심사를 거쳐 시행된다. 환경오염을 일으키는 기업이나 어린이의 노동력을 착취하는 기업, 무기나 핵발전으로 돈벌이를 하는 기업은 이 은행에서 대출을 받을 수 없다. 예금자들이 돈을 맡길 때는 이 돈이 어디에 쓰였으면 하는지, 이자는 어디에 얼마나 기부할 생각인지를 묻는다. 예금자들은 자신이 예금한 돈이 쓰였으면 하는 분야와, 쓰이지 않았으면 하는 분야를 정하고, 이자의 일부나 전부를 원하는 곳에 기부할 수 있다. 그래서 게엘에스 은행이 운용하는 돈은 작지만 따뜻하다. 사람을 내치는 돈이 아니라 사람을 끌어안는 '은행다움'을 살리고자 한다. 게엘에스 은행은 누리집과 사외보를 통해 은행에 들고나는 돈을 1유로까지 낱낱이 밝힌다. 돈을 맡긴 이들이 은행이 돈을 어디다 쓰는지 알아야 한다는 것이다. 현재 고객은 21만 2천 명으로, 독일 전역에 7개 지점을 운영하고 있다. 대출 규모는 24억 5천2백만 유로이고, 총자산은 45억 9천7백만 유로 정도이다. 《보노보 은행 : 착한 시장을 만드는 '사회적 금융' 이야기》(이종수 외, 부키, 2013)에 자세히 소개되어 있다.

하며 적극적으로 활동해 왔다. 쇠나우가 잘펠트 씨와 함께 했더라면 아마 오늘날과는 다른 전력 회사가 되었을 것이다.

송전선 매입을 위해 게엘에스 은행과 머리를 맞대다

게엘에스 은행은 1974년에 독일 보훔Bochum에서 시작된 조합형 은행이다. 우리로 치면 신용협동조합 비슷한 금융기관으로 개인이나 법인이 출자한 돈으로 운영된디. 사회적이며 생태적인 관점 위에서 설립되었고 학교나 유치원, 장애인 시설, 재생에너지, 유기농업, 주거 안정에 이르기까지 연간 1만 1천 개가 넘는 기획을 재정으로 안받침하고 있다.

1993년 12월, 게엘에스 은행은 쇠나우 시민들의 활동이 공익에 보탬이 될 거라고 보아 '에너지 기금―쇠나우'라는 출자 기획을 준비했다. 한몫에 5천 마르크(514만 7천 원)로 운영 기간은 15년. 이것으로 자본금을 모으기로 했다.

이런 일에 돈을 낼 사람이 있을까 걱정했지만 한 달 동안 240만 마르크(24억 7,067만 원)나 모였다. 이 돈이 쇠나우송전선매입회사를 지탱하는 자본금이 되고, 출자한 사람들은 배당금을 받게 된다. 이밖에도 650명이 직접 출자를 해 주어서 170만 마르크(17억 5

천만 원)가 더 모였다. 다 합쳐 410만 마르크(42억 2천만 원)가 되었다. 하지만 라인펠덴전력회사는 870만 마르크(89억 6천만 원)를 내놓으라고 주장하고 있어 아직 반도 채우지 못한 터였다.

돈이 안 모이면 송전선을 사들일 수 없다. 송전선이 없다면 시의회나 시민들이 아무리 찬성한다 해도 전기를 공급하기란 불가능하다. 누구나 제시된 송전선 값이 터무니없이 비싸다고 생각했지만 라인펠덴전력회사는 권위 있는 기술 평가 회사인 비베라 WIBERA를 끼고는 다른 의견은 거들떠보지도 않았다. 쇠나우송전선매입회사는 잔더 씨가 운영하는 회사 베트에 산정을 맡겼다. 베트가 계산한 금액은 395만 마르크(40억 6,631만 원)였다. 라인펠덴전력회사가 주장하는 돈의 절반이다.

어떻게 이런 차이가 날까? 비베라는 20킬로와트짜리 지하 케이블(전선)을 새것으로 구입할 때처럼 계산해서 330만 마르크(33억 9,717만 원)라고 냈다. 그런데, 베트는 중고 가격으로 쳐서 130만 마르크(13억 3,828만 원)로 잡았다. 전력계량기를 두고는 비베라는 하나에 75마르크(7만 7천 원)로 계산했고, 베트는 30마르크(3만 원)라는 현실적인 값을 냈다. 전선 길이도 베트는 실제로 재어보고 21킬로미터라고 썼지만 비베라는 책상머리에 앉아 33킬로미터로 가늠했다. 권위 있는 회사라고 해도 있는 사실을 넘어설 수는 없다. 비베라가 내놓은 결과와 큰 차이를 보였지만, 베트는 올바르게 산출했다는 자신이 있어 끄떡하지 않았다.

1994년에는 쇠나우 시장이 쇠나우송전선매입회사와 라인펠덴전력회사를 불러 서로 얘기를 주고받을 수 있도록 자리를 마련했다. 하지만 둘은 티끌만치도 물러서지 않았다. 이듬해에는 비베라와 베트가 자리를 같이해 얘기를 나눴다. 비베라는 일부 산정 결과가 틀렸다는 것을 인정했지만 라인펠덴전력회사는 870만 마르크를 끝까지 고집했다. 양보할 기미는 보이지 않았다.

전력 공급을 시작하려면 라인펠덴전력회사에서 기술 자료를 꼭 받아야만 한다. 하지만 라인펠덴전력회사는 좀처럼 정보를 내어놓지 않았다. 오랫동안 교섭한 끝에 1994년 3월, 1만 6천 마르크(1,586만 원)를 지불하고서야 겨우 일부 정보를 얻어 냈다.

쇠나우전력회사를 세우다

1994년 1월, 쇠나우송전선매입회사는 쇠나우전력회사를 세우기로 결정했다. 전력을 공급하기까지 넘어야 할 어려움을 해결한 것은 아니지만 미래를 보아 정식 회사를 설립할 필요가 있었다.

쇠나우송전선매입회사에 출자한 이들에 보태어 650명이 넘는 시민들이 회사를 세우는 일에 참여했다. '핵 없는 미래를 위한 부모들'의 롤프 베첼Rolf Wetzel 씨와 발츠후트팅엔전력공사 대표를 지낸 칼하인츠 실링Karl–Heinz Schilling 씨가 대표가 되었다. 실링 씨의 활동이 힘을 얻으면서 발츠후트팅엔 시에서도 자연에너지로 전력원을 바꾸는 운동이 시작되었다. 지금 이 회사는 시가 100퍼센트 출자하는 전력 공사로 탈바꿈했다.

쇠나우에서도 시가 송전선을 사들여 쇠나우 시민 단체와 함께 '쇠나우전력공사'를 세울 수도 있었지만 9월이 되자 시의회는 송전선을 매입하지 않기로 결정했다. 쇠나우전력회사와 라인펠덴전력회사 어느 쪽과 계약을 맺을 건가 결정하는 권한도 시의회에 있었다. 하지만 주 지자체 심의회는 "라인펠덴전력회사보다는 쇠나우전력회사와 계약하는 게 시에 더 이롭겠다."고 결론짓는 등 쇠나우전력회사 쪽으로 분위기가 기울고 있는 상황이었다.

드디어 1995년 11월, 시의회에서 결정하는 날이 왔다. 지난해 의회 선거에서 시민 매입파가 과반수를 차지한 터여서 결과는 짐작할 수 있었다. 아니나 다를까 의회는 6대 5로 쇠나우전력회사와 계약하기로 결정했다.

하지만 일이 쉽사리 풀리지는 않았다. 라인펠덴전력회사는 "매입파는 내내 시민들이 최종 결정을 내려야 한다고 주장해 왔지 않나?" 하면서 주민 투표를 요구했다. 그러다 성탄절 전에 주민 투표에 필요한 서명이 모였고 두 번째 주민 투표가 결정되었다.

격렬했던 두 번째 주민 투표

"속이 다 뒤집힐 것 같았어요. 두 번째 주민 투표가 얼마나 힘든 일이 될는지 뻔했으니까요."

우르술라 씨는 그렇게 돌이켰다.

이번 투표용지는 "쇠나우전력회사와 전기 공급 계약을 맺겠다는 의회 결정을 취소하고 여태까지 전기를 공급해 오던 라인펠덴전력회사와 계약을 체결하는 것이 좋은가?"를 묻는다. 말하자면 쇠나우전력회사가 매입하는 데 찬성하는 사람은 '아니요'를 찍어야 하는 것이다. 지난번 투표 때는 매입에 찬성하는 사람이 '네'에 동그라미를 찍어야 했지만 이번에는 질문 내용이 거꾸로였다. 찬성의 '아니요'와 반대의 '네'를 시민들에게 똑똑히 알릴 필요가 있었다.

게다가 지난 투표 때는 대범하게 굴던 라인펠덴전력회사가 체면도 뭣도 없이 나섰다. 선거전에 돈을 쏟아부으며 공급권을 놓치지 않으려고 안간힘을 쓰는 모습이었다.

라인펠덴전력회사는 지난번 실패를 되풀이하지 않겠다며, 인기 있는 정치인을 다른 데서 불러오는 대신 토박이들을 전면에 내세웠다. 시민들 공감을 얻어 내는 게 표를 얻는 중요한 고리가 된다고 본 것이다. 선거를 치르는 동안 사람들 사이의 관계가 그 어느 때보다 중요해졌다.

의견이 다른 가게에서는 장을 보지 않았다. 먹고 싶은 음식이 아니라 주인장이 속한 파가 식당을 고르는 기준이 되었다. 이렇듯 선거전은 지역을 둘로 확 갈라 놓았다. 쇠나우는 인구가 2,500명밖에 안 되는 작은 곳이라 누가 어느 파를 지지하는지가 단숨에 드러난다. 개개인이 서로 맞서는 모습을 보이며 지역사회는 긴장에 휩싸였다.

쇠나우전력회사는 잼을 만드는 회사의 도움을 받아 '아니요 Nein'라고 쓴 병에 담긴 잼을 돌렸다. "아침마다 잼을 발라 먹으면서 우리를 생각해 줄 거죠?" 하는 생각이었다. 라인펠덴전력회사는 칫솔을 뿌렸다. 잼과 칫솔이라니, 둘의 대립을 상징하는 것 같아 몹시 흥미로웠다. 라인펠덴전력회사는 신문과 같은 매체에 광고를 싣는가 하면 광고지를 왕창 뿌리는 식으로 선거전에 3만 마르크(3천만 원)를 썼다.

광고문 가운데는 "쇠나우전력회사처럼 작은 회사는 승산이 없다. 적자가 나거나 전기 요금이 엄청 오를 거다." 이렇게 쓴 것도 있었다. "해마다 3만 마르크(3천만 원)나 적자가 날 것이다."라며 아주 구체적인 숫자를 들먹이거나 "쇠나우전력회사는 고장 수리에 필요한 차량이나 공구, 기기 따위를 갖추지 못했다."는 공격도 퍼부었고, "라인펠덴전력회사는 늘 시민과 함께 있다. 전문가로서 경험도 풍부하다."는 자기 자랑도 늘어놓았다. 2월에는 학교 운동장에 라인펠덴전력회사의 고장 수리 차량을 나란히 세워 두고, 시민들에게 '이렇게 훌륭한 설비를 쇠나우전력회사가 마련할 수 있을까?' 하고 묻는 작전도 썼다.

쇠나우전력회사는 선거비를 그 반도 쓰지 않았다. 상대를 공격하거나 바짓가랑이를 붙잡는 일은 않고 자기네가 주장하는 생각이 옳다는 것을 많은 사람들에게 알리는 일에 힘을 쏟았다. 집집이 방문해 시민들을 설득하는 데 시간을 많이 들였다. 미하엘 슬라데크 씨는 의사라 오후에는 환자들 집을 일일이 찾아가 진찰한다. 그이는 의료 행위와 시민운동을 정확히 갈랐다. 환자들 집을 의사로서 찾아갈 때는 전력에 관한 얘기는 결코 입에 올리지 않았다. 진찰을 마치고 환자가 전력에 관해 물어볼 때라야 차까지 자료를 가지러 가서 설명했다. 투표를 앞둔 2주 동안은 휴가를 내고 가정 방문에 집중했다.

우르슐라 씨나 다른 회원들도 온 힘과 지혜를 짜내 싸웠다. 있는 모든 것을 내건 투쟁이었다.

"저는 이 지역에 진료소를 둔 의사의 아내로서, 아이를 다섯이나 키우는 엄마로서, '핵 없는 미래를 위해 재생에너지를 추진한다.'는 우리의 주장이 진실이고 옳은 일이라는 걸 알렸어요. 결코 농담 삼아 해 보는 말이 아니라구요. 혹시 제가 틀린 말을 했다면 전 여태 쌓아 올린 모든 걸 잃게 된다는 걸 힘주어 말했어요."

우르슐라 씨가 말했다.

단열이나 태양에너지처럼 환경에 대한 이런저런 주제로 모임을 열고 쇠나우전력회사가 하려는 일이 사람이나 환경에 얼마나 뜻깊은 것인가를 알리기 위해 돌아다녔다. 2월에 열린 축제에서는 지붕에 풍차를 올린 모형 수레를 만들고 그 위에 미하엘 씨가 올라탔다. 그렇게 운동이 까다롭고 딱딱해지지 않도록 힘쓰는 것을 잊지 않았다.

이번 투표는 접전이 되리라 내다보았다. 표 1장이 승패를 가르게 될 터였다. 집집마다 사정을 살펴서 누가 식구들 사이에서 중심인가, 누구를 설득해야 온 식구 표를 얻을 수 있는가, 해외에서 선거권을 행사하는 사람은 없는가까지 확인하면서 착실히 선거운동을 해 나갔다. 또 전력이나 환경만이 아니라 의료나 연금 문제, 아이들 교육 문제 따위로 다양한 주제로 강연회를 열어 강연 중간에 5분쯤 전력 얘기를 했다. 사람들은 편안한 기분으로 모임에 나왔고 때마다 반응이 좋았다. 모든 사람을 찾아가 말을 걸기가 힘들다면 사람들이 스스로 찾아올 수 있도록 하면 된다. 재미있고 즐거운 주제라면 사람은 절로 모이기 마련이니까.

드디어 운명을 결정짓는 날이 왔다. 1996년 3월 10일. 슐라데크 부부와 회원들은 있는 힘껏 일했다고, 해야 할 일은 다 했다고 느끼고 있었다. 남은 일은 결과를 보는 것뿐이었다.

개표 작업에는 시의원인 미하엘 씨도 참가했다. 표 하나 하나가 아주 귀중한 만큼 신중히 셌다. 미하엘 씨가 입회한 개표소는 개표 결과 267표 대 273표로 6표가 모자랐다. 이제껏 기울여 온 노력이 물거품이 됐다고 체념할 즈음, 다른 개표소 결과가 날아왔다. 득표율 52.4퍼센트. 쇠나우전력회사의 승리였다. 쇠나우 시민은 환경을 보호하고 에너지를 절약할 수 있는 전기 공급을 바란 것이다. 782표가 쇠나우전력회사를 지지하고, 711표가 라인펠덴전력회사를 지지했다. 71표 차이였다. 투표율은 84.3퍼센트로 지난번보다 10퍼센트나 높았다.

승리가 결정되자, 사람들은 시청 앞에 모여 쇠나우전력회사의 약칭인 '에베에스EWS'를 구호처럼 한목소리로 외쳤다. 체르노빌 핵발전소 사고가 일어난 지 10년. 쇠나우 시민은 거대한 전력 회사를 물리치고 자신들의 힘으로 자연에너지를 공급하는 길을 택했다.

'나는 골칫덩어리' 홍보전으로 기부를 모으다

하지만 송전선 매입은 아직도 해결되지 않은 채였다. 라인펠덴 전력회사는 "돈 있나? 살 수 있으면 어디 사 보라고." 하는 태도였다. 2번이나 투표에서 졌지만 라인펠덴전력회사는 여전히 힘이 있었다. 전력 대기업에 끌려다니는 처지가 한스러웠다.

"마음에 안 들면 고소하면 되잖아."

하지만 이런 재판은 무척 시간이 걸리는 일이다. 재판을 건다면 쇠나우전력회사가 이길 것이야 뻔하다. 하지만 그동안 전력을 공급할 수는 없을 테고, 이도 저도 다 없던 일이 될 판이었다. 비슷한 예가 있지 않았나. 최근에 최종 판결이 나온 재판인데 무려 17년이 걸렸다.

회원들은 골머리를 앓았다. 아무리 생각해도 라인펠덴전력회사가 제시한 금액은 너무 비싸다. 하지만 송전선을 사지 못한다면 전력을 공급할 수가 없다. 1998년에 전력 자유화가 이루어지기 전의 일이라 송전선이 없이는 전력 공급을 못 하던 시기다. 주 경제부도 라인펠덴전력회사가 제시한 금액을 부당하다고 여긴다는 게 위로가 되기는 했지만 그렇다고 가격이 내려가는 것은 결코 아니다. 자금을 준비하지 못한다면 기업으로서는 실격이었다.

언제나처럼 포도주를 마시면서 머리를 맞댔다.

"내면 되잖아."

누군가 말했다. 기부를 받아 돈을 모아 보자고.

"전국에 환경 단체가 얼마나 많나. 거기에 몇 십만에 이르는 회원들이 있잖아. 1명이 5마르크(4,900원)씩만 내더라도 모이는 거 아냐?"

우선 돈을 낸 뒤에, 재판을 걸어 부당하게 내야 했던 몫을 도로 찾으면 된다고.

다음 날 취기가 사라지고서야 우르슐라 씨는 "이게 가능할까?" 하고 제정신이 되었다. 의견이야 그럴듯하지만 실현시킬 수 있을지는 미지수였다. 체르노빌 사고가 일어난 지 10년. 그 사이 쇠나우 시민들의 활동은 독일 탈핵 운동의 상징이 되었다. 여기서 좌절한다면 전 국민이 낙담할 것이다. 앞으로 벌어질 탈핵 운동에도 좋지 않은 영향을 미칠 수 있다. 어떤 일이 있더라도 이겨야 했다.

이때 게엘에스 은행이 기가 막힌 안을 들고 왔다. 1996년 4월 26일은 마침 체르노빌 핵발전소 폭발 사고가 일어난 지 10년이 되는

새로운에너지재단은 지금도 시민들이 이끄는 생태적인 전력 공급이나 송전선 매입 계획을 지원한다. 지원을 받고자 하는 사람은 누구든 신청할 수 있다.

날이었다. 게엘에스 은행이 쇠나우전력회사 기부금 모금을 위해 새로운에너지재단Stiftung Neue Energie을 만들고, 이 재단과 함께 체르노빌 10주기에 맞춰 '탈핵 초읽기'라는 모금 운동을 벌이기로 했다. "탈핵은 검은 숲과 더불어", "지금 당장 쇠나우에서 탈핵을 시작하자."고 쓴 펼침막을 보란 듯이 걸고 전국에 기부를 호소했다. 6월 말까지 40만 마르크(3억 8,821만 원)가 모였다.▪

그런데 라인펠덴전력회사가 요구한 870만 마르크까지는 아직 멀었다. 이 궁리 저 궁리 하는데 게엘에스 은행의 담당자가 광고회사 도움을 받는 게 어떻겠냐고 제안했다. "돈이 필요해서 홍보를 하려는 건데 광고비가 어디서 나오나요?" 물으니 "무료로 도와달라고 하는 거죠." 했다.

큰 광고회사 50곳에 편지를 써 부쳤다.

"전국에 홍보전을 벌이고 싶은데 도와주지 않을래요? 그런데, 조건이 하나 있어요. 무료로 부탁해요."

이런 어처구니없는 바람을 담은 편지였다. 들어줄 회사가 있겠

나, 아마 답장도 안 줄 거다, 그렇게 생각했다. 하지만 15곳이 돕겠다고 나서 주었다. 우르슐라 씨는 "정말 놀랐어요. 보수도 없이 일해야 하는데 이렇게 많이들 나서 주다니요. 이 일을 떠올릴 때마다 이 세상엔 우리가 상상도 못 할 그런 일들이 실제로 벌어지기도 한다는 걸, 깊이 느끼게 되죠." 하고 말했다.

사정을 자세히 설명하고 나자 9곳은 기존 전력 회사 홍보를 대행하고 있는 처지라 "정말 죄송하지만 못 하겠네요." 하고 물러섰다. 남은 6곳 가운데서 한 회사를 골라 부탁하게 되었다. 홍보문안을 어떻게 할지, 회원들은 생각을 돌렸다. '송전선을 이어받다', '에너지 경제의 기적' 같은 안이 나왔지만 딱 들어맞지 않아 폐기되었다. 이래저래 생각을 모은 끝에 "나는 골칫덩어리,Ich bin ein störfall, 이히 빈 아인 슈퇴르팔." 라는 말이 나왔다. 슈퇴르stör는 방해한다, 어지럽힌다는 의미가 있고 팔fall은 상황이나 사태란 뜻이어서 슈퇴르팔störfall은 핵발전소에서 일어나는 고장이나 사고를 이르는 단어다. '나는 핵발전소 운영에 걸림돌이 되는 골칫덩어리 같은 사람'이란 뜻으로 풀이할 수 있다. 쇠나우전력회사가 하려는 일은 바로 핵발전을 막으려는 것이니까 안성맞춤이다. 부정적 이미지다, 너무 극단적인 것 아니냐 하는 반대 의견도 나왔지만 강렬하고, 힘차게 치고 나가는 운동을 표현할 수 있을 것 같았다. 핵발전 업자를 야유하는 뜻도 담아 이 문안을 쓰기로 했다.

여러 사람이 포스터 모델이 되어 주었다. 장차 손자더러 농장을 물리고자 하는 농부, 학생, 회사원, 아기에 이르기까지 시민들이 두루 나섰다. 모델료는 물론이거니와 사진사에게도 품값을 주지 못했다.

흑백으로 인물 사진을 찍고 가운데 노랑색 바탕의 길쭉한 상자 안에 검은 글자로 "나는 골칫덩어리."라고 써 넣었다. 밑에는 "한나 쿡Hanna Kück, 9개월, 인형 모으기가 취미, 골칫덩어리.", "크리스틴 슈라이어Kristin Schreier, 스물세 살, 학생, 북유럽을 좋아해, 골칫덩어리.", "페터 야콥스Peter Jacobs, 기업가, 아버지, 골칫덩어리." 하고 이름과 이력을 새겼다.

9월부터 프랑크푸르트나 함부르크, 뮌헨 등 독일 전역에 판매되는 신문과 잡지에 동시에 광고가 실렸다. 주간지 〈슈피겔〉도 쇠나우 시민들의 활동을 높이 샀다. 영화관이나 텔레비전이 무료로 광고를 내보냈고 라디오는 특집 방송을 편성했다. 전국에서 그린피스Greenpeace나 베우엔데, 독일자연보호연맹Der Naturschutzbund Deutschland, NABU, 세계자연기금World Wide Fund for Nature, WWF 같은 여러 단체가 돕겠다며 나섰다. 기부금도 속속 들어오기 시작했다. 어린아이가 용돈을 모아 보내 주거나, 어르신이 생일잔치를 연

뒤 "선물 대신 받은 돈을 쇠나우에 기부"하기도 했다. 한 프랑스 여성은 2만 5천 마르크(2,426만 원)를 보내왔는데 쇠나우에서 답례로 부친 편지에 크게 감동해 또다시 2만 5천 마르크를 송금했다.

"라인펠덴전력회사가 전화를 걸어 자기네 이미지를 망가뜨리고 있다고 항의했죠. 우린 그저 기부금을 모으고 있었을 뿐인데요."

우르슐라 씨는 이렇게 말하며 웃었다.

7개월 동안 쇠나우 홍보를 맡았던 광고대행사도 독창적인 회사로 널리 알려졌다. 쇠나우에서는 대가를 받지 못했지만 그것을 훨씬 웃도는 명성을 얻어 여러 일을 맡게 되었다.

소액 기부자들에 이어 이제 큰돈을 쾌척해 줄 후원자도 찾아야 했다. 쇠나우가 있는 바덴뷔르템베르크 주에는 큰 초콜릿 회사가 있다. 한국에서도 팔리는 정사각형 초콜릿 '리터 스포트Ritter Sport'를 만드는 알프레드리터Alfred Ritter GmbH & Co. KG다. 소유자가 직접 경영하는 기업으로 사원이 800명쯤 된다. 독일 판초코 업계에서 17퍼센트를 점유하고 있는 2위 기업이다. 세계 91개국에도 진출해 있다.

이 회사는 체르노빌 핵발전소 사고로 터키산 개암이 오염되는 바람에 제품 생산에 어려움을 겪은 적이 있다. 그런 회사라면 쇠나우의 생각에 찬성해 주지 않을까 싶었다. 알음은 없었지만 도움을 청하러 갔다. 그랬더니 대표 알프레드 리터 씨는 "라인펠덴전력회사에 맞서는 일이라면 지지해야죠." 하고 20만 마르크(1억 9,410만 원)를 내주었다.

"핵발전소 사고로 여러모로 생각하게 됐죠. 장차 다른 형태로 에너지를 마련할 필요가 있겠구나 하구요. 사고가 가르쳐 준 거죠."

이 일이 있고 나서 리터 씨는 1998년 모범에너지환경기술 Paradigma Energie–und Umwelttechnikr을 세웠다. 태양열 온수기와 펠릿이라고 불리는 목재 압축 연료를 넣는 난로를 만들고 판매한다. 자회사 리터솔라Ritter XL Solar에서는 290명이 일하며 6천만 유로(478억 7,567만 원)에 이르는 매출을 올리고 있다.

이렇게 크고 작은 기부를 다 합쳐서 6주 동안 100만 마르크가 모였다. 모금 운동을 마칠 무렵에는 200만 마르크(19억 4,109만 원) 가까운 금액이 찼다. 대성공이었다. 하지만 새로운에너지재단은 공적인 재단이라 경제활동을 하는 기업에는 법적으로 투자할 수가 없었다. 찬찬히 살핀 끝에 지자체가 운영하는 재단이라면 가능하다는 것을 알게 되었다. 그래서 쇠나우 시가 쇠나우환경재단 Umweltstiftung Schönau을 세워 자금을 지원받을 수 있도록 처리했다.

드디어 시작된 전력 공급

1996년 가을 라인펠덴전력회사는 송전선 가격을 650만 마르크 (63억 854만 원)로 내렸다. 기술 평가 회사들끼리 주고받은 결과도 그랬거니와, 무엇보다 여론의 압력에 밀린 것이다. 뿐만 아니라 이듬해 봄에는 570만 마르크(54억 6,146만 원)로 내리겠다며, 마지막으로 괜찮은 가격을 제시하는 거라고 했다. 이것도 시민파가 어림셈한 것에 대면 아직 멀었지만 쇠나우 시민 단체는 우선 지불해 놓고 나중에 재판을 걸기로 했다.

1997년 봄, 쇠나우전력회사에 처음으로 유급 사원이 생겼다. 서른 살의 전기 기사, 마르틴 할름Martin Halm 씨이다. 이때까지는 회원들이 의사나 주부, 경찰관, 교사, 기술자, 공증인 같이 다들 밥벌이를 따로 하면서 이 일에 헌신했다. 할름 씨는 200킬로미터쯤 떨어진 브루흐잘전력공사Energie—und Wasserversorgung Bruchsal GmbH, EWB 에서 일하던 축구광으로, 시골에서 살아야 한다는 걸 알고서 찾아왔다. 1996년 12월에 면접을 보고 이듬해 4월 1일부터 일하기로 했다.

"전기에 관한 기술적인 일은 물론이고 아무 거나 혼자서 다 해야 했어요. 책상도 볼펜도, 심지어 나사 하나도 없었거든요. 사무실을 꾸리는 일부터 시작했죠."

할름 씨 어깨에 모든 짐이 지워졌다. 4월 3일, 그는 라인펠덴전력회사 담당자를 만나러 갔다. 7월 1일부터 전력을 공급하기 위해서는 3개월 안으로 변전소를 정비하고 라인펠덴전력회사가 쓰던 송전선을 해제해 쇠나우전력회사로 연결해야 하기 때문이다. 하지만 변압기는 아무리 빨라도 주문한 지 3개월 뒤에나 온다. 그래서 도와 달라고 부탁하러 간 것이다. 하지만 라인펠덴전력회사는 너무나 비협조적이었다. 시민 단체가 전력을 공급할 수 있을 리 만무하다고 단정 짓고 있었기 때문이다. 할름 씨는 이야기를 끝내고 나와 전에 일하던 회사 동료에게 전화를 걸었다. 3만 8천 명이 사는 브루후잘Bruchsal 시 전력공사에 변압기가 남아 있다는 걸 알고 있었던 것이다. 당장 돈을 내고 가져와 변압기는 무사히 해결되었다.

하지만 주 경제부는 "사원이 적다.", "장기적으로 전기 공급이 가능하겠나?" 하는 까닭을 들며 좀처럼 공급 허가를 내주지 않았다. 할름 씨와 쇠나우전력회사는 참을성 있게 지적받은 사항을 하나씩 개선해 나갔다. 6월 25일, 주 경제부는 이제 문제될 것이 없다는 걸 확인하고서야 겨우 허가를 내렸다. 공급 개시일을 1주일 앞둔 날이었다. 이걸로 모든 준비가 다 갖춰졌다.

공급 시작을 며칠 앞두고 한순간이지만 정전이 일어났다.

"시작 전이라 정말 다행이었죠."

할름 씨는 이렇게 돌이켰다. 전력 회사 탓으로 정전이 일어난 게 아니더라도 전력 공급을 시작하고 난 뒤에 그런 일이 생겼더라면 쇠나우전력회사가 잘못한 것처럼 오래오래 전해질 테니까.

1997년 7월 1일, 쇠나우전력회사는 570만 마르크를 라인펠덴전력회사에 송금했다. 이걸로 송전선은 쇠나우전력회사 소유가 되었다. 많은 텔레비전과 신문사가 쇠나우를 찾아 시민들이 주도하는 전력 공급을 크게 보도했다. '전력 반군'이 대기업에 맞서 스스로 권리를 쟁취해 낸 순간이었다.

에너지 절약과 자연에너지를 추진하는 전력 회사

공급을 시작할 무렵, 고객은 약 1,700세대였다. 쇠나우전력회사가 전력 공급을 시작한 뒤 소비자들 사이에서는 몇 가지 변화가 일어났다. 하나는 전기를 아끼게 된 것이다. 쇠나우전력회사는 기본요금을 내리고 1킬로와트당 요금을 올렸다. 전력을 적게 쓸수록 요금이 쌌다. 소비자들이 절약에 목표를 두었으면 하고 이렇게 정했다.

처음에는 기본요금을 없애고 오로지 사용한 만큼 요금을 내게 하면 어떨까 생각했다. 하지만 곧 이것이 어렵다는 걸 깨달았다. 전력을 거의 안 쓰는 가정이라도 설비나 정비에 비용이 들기 때문이다. 시민 단체로 활동할 때 이상적이라고 여기던 일 가운데 몇가지는 실행이 어렵다는 것을 알게 되었다. 방침을 바꿀 필요가 생긴 것이다.

또한 재생에너지를 더 늘리기 위해 햇빛발전으로 생산한 전기를 1킬로와트에 25페니히(239원), 열병합발전이 생산한 전기는 14페니히(134원)에 사들이기로 결정했다. 라인펠덴전력회사는 각각 17페니히(162원)와 7페니히(67원)였지만, 쇠나우전력회사는 더 비싸게 사 주면서 더 많은 사람들이 햇빛발전이나 열병합발전 시설을 설치하도록 권한 것이다.

환경을 지키고자 애쓰는 호텔 피어 뢰벤Vier Löwen은 곧장 지하실에 열병합발전기를 2대 들여놓았고, 4년 만에 본전을 찾았다. 지금도 줄곧 절약 중이라며 기뻐한다.

"체르노빌에서 사고가 났을 때 아이들이 한 살, 세 살이었어요. 핵발전이 얼마나 위험한지 잘 알게 됐지요. 그러면서 기존 전력 시스템은 안 된다고 생각했거든요."

주인 발터 카를Walter Karle 씨는 이렇게 말한다. 지역에서 나는 고기나 폴란드산 버섯을 호텔 식당에서 써 왔는데 더는 그럴 수 없게 되었던 것이다. 카를 씨는 모든 객실을 고효율 전구로 바꿔 끼웠다. 모자란 전력은 쇠나우전력회사에서 사들인다.

"텔레비전 대기 전력이 1대에 연간 80유로(12만 4,848원)씩 잡 아먹는 게 문제죠. 옛날 텔레비전은 줄곧 대기 상태라 이걸 끄 기 위해선 콘센트에서 플러그를 뽑아야 했어요. 요즘 텔레비전 은 전원을 끌 수는 있지만 스위치가 뒤쪽에 있어서 손님들은 찾 기가 어려워요. 가전 업계는 시민들이 에너지를 쉽게 아낄 수 있도록 제품을 만들어야 합니다."

교회 지붕에 햇빛발전기를

1997년 11월, 쇠나우 시에 있는 개신교회 지붕에 햇빛발전기를 설치하자는 '창조의 창문Schöpfungsfenster' 운동이 시작되었다. 교회 는 높직한 곳에 자리해 어디에서나 눈에 띈다. 사람들이 많이 모 이는 교회에 설치하면 마을의 상징처럼 되어 큰 효과를 기대할 수 있다.

페터 하젠브링크Peter Hasenbrink 목사는 지역 교회 회의에서 찬성 을 얻어 냈고 카를스루에Karlsruhe의 최고 종무회의도 지원을 약속 했다. 바덴 지역 개신교회들의 동의를 받아 설치비 절반을 환경

기금으로 내놓기로 한 것이다.

하지만 주 정부 문화재과는 신청을 받아 주지 않았다. 허가가 나지 않으니 계획은 내내 제자리걸음이었다. 시민들은 참나 못해 행동에 옮기기로 작정하고, 1998년 6월 28일 바덴 혁명 150주년에 맞춰 축제를 열었다. 전통 의상을 걸치고 광장에서 교회로 악기를 연주하면서 행진한 것이다. 그리고 1킬로와트짜리 태양광 패널을 교회 지붕에다 설치했다. 허가는 받지 못한 채였다. 언론은 축제를 시종일관 지켜보았다. 하젠브링크 목사는 "있는 것을 귀중히 여긴다는 교회의 가르침에 일치한다."고 생각해, 처음부터 패널 설치를 찬성해 왔다. 하지만 법을 어기는 행동이라 자칫 잘못하면 면직될 수도 있었다. 그야말로 그는 법보다 교리를 첫자리에 놓고 결단한 것이다.

그런데 주 정부 문화재과는 뜻밖에도 그날 중에 구두로 설치 허가를 내렸다. 사람들은 "역사상 가장 빨리 이룩된 혁명"이라 말했고 시장도 기뻐했다. 교회가 출자하고 시민들이 출자와 기부를 보탠 덕분에, 지금은 교회와 이웃한 집회소 남쪽 지붕에도 태양광 패널이 깔려 있다. 이 사업에는 라인펠덴전력회사파였던 시민들도 출자하면서 그야말로 서로가 화해하는 상징이 되었다. 초기에는 태양광 패널이 생산하는 전기 1킬로와트가 25페니히(239원)였는데, 2000년에 실시된 재생에너지법에 따라 99페니히(828원)로 올려 받게 되었다. 뜻밖에 들어온 수입으로 교회는 새 파이프오르간을 마련했다.

독일 전역으로 전력을 공급하다

1998년 4월 29일, 독일 전력 시장이 자유화되었다. 쇠나우전력회사는 전력을 전국에 공급할 것인가, 아니면 이대로 쇠나우 시내에만 공급할 것인가 결단을 내려야 했다. 법적으로는 전국으로 공급할 수 있지만, 시작한 지 얼마 안 되어 경험을 쌓아 가는 회사였기 때문이다. 그때는 전력 시장을 감독하는 기관도 없어 혹시 부당한 일을 겪더라도 재판을 거는 수밖에 방법이 없었다.

하지만 깊이 생각한 끝에 전국으로 전기를 공급하기로 마음먹었다. 시내에만 공급해서는 쇠나우 시민이 다른 회사와 계약하게 되면 고객 수가 줄기만 할 터였다. 그리고 쇠나우전력회사의 정신에 공감해 먼 데서도 "쇠나우의 전력을 사고 싶다."고 연락해 오는 이들이 있었다.

실제로 전력 시장 자유화가 실시되면서 쇠나우에 사는 27세대가 다른 회사로 옮겨 갔다. 쇠나우에서 전력 공급을 시작해 2년이

지나가고 있었지만 반대파는 이때를 노리고 있었던 것이다. 한편 "여러분의 활동을 응원한다."며 멀리 함부르크에서 전화를 걸어와 고객이 된 사람도 있었다.

자유화 직후에는 전력 시장 자체가 너무나 어지러웠다. 큰 회사나 광고비를 쏟아붓는 회사만이 살아남을 거라고들 생각했다. 그런 와중에 쇠나우전력회사는 1999년 여름 '여러분이 아낀 전기 Watt Ihr Spart'라는 구호로 전국에 진출했다. 고객은 착실히 불어났다. 알프레드 리터 씨가 세운 모범에너지환경기술이 쇠나우 시 바깥의 첫 고객이 되었다. 1999년 말에는 2,345세대와 계약했다. 전보다 567세대나 는 셈이었다. 광고는 학교 신문처럼 지역에 보탬이 되고자 내는 정도이지 달리는 전혀 하지 않았다. 하지만 쇠나우의 활동이 전국 언론을 통해 자주 보도되고 있던 터라 광고비를 따로 책정하지 않아도 고객은 늘어났다. 2007년에는 6만 7천 세대로 1년 사이에 2배가 늘었다. 에온이 운영하는 핵발전소 2곳에서 잇달아 사고가 난 데다가, 쇠나우전력회사가 '독일 기업가상 Deutscher Gründerpreis'을 받은 해였다. 2011년에는 후쿠시마에서 핵발전소 사고가 나고, 우르슐라 슬라데크 씨가 '골드만 환경상Goldman environment Prize'을 받으면서 고객 수가 1년에 8배나 느는, 놀랄 만한 성장세를 보였다.

역시나 터무니없이 비쌌던 송전선

라인펠덴전력회사가 요구한 송전선 가격은 무척 비쌌다. 쇠나우전력회사는 1998년 11월 법원에 소송을 걸었고 1999년 6월에는 두 회사가 같은 감정사에게 감정을 받기로 했다. 경제감사협회에서 2명이 나왔고, 쇠나우전력회사와 라인펠덴전력회사에서 각각 1명씩 참여해 4명이 평가를 실시한 것이다.

2005년에 나온 결과는 350만 마르크(30억 3,126만 원)였다. 맨 처음에 라인펠덴전력회사는 870만 마르크, 쇠나우전력회사는 395만 마르크로 산출했는데, 그 둘보다 싼 금액이 나온 것이다. 쇠나우전력회사가 이겼다. 라인펠덴전력회사는 체면이 말이 아니게 되었다. 220만 마르크(19억 536만 원)에 이자를 붙여 되돌려야 했다. 쇠나우전력회사는 본래 금액은 관련 단체인 새로운에너지재단에, 이자는 쇠나우환경재단에 넣어 앞으로 활동 비용으로 쓰도록 했다.

라인펠덴전력회사는 그 뒤 전력 자유화 흐름에 휘말려 2002년, 다른 회사로 넘어갔다. 2003년에는 에너지서비스그룹Energiedienst-Gruppe으로 이름을 바꾸고 라인펠덴 수력발전소가 생산하는 전기만 공급하는 자연에너지 회사로 다시 출발했다. 정말 야릇한 결과가 된 셈이다. 지금은 수력발전 뿐만 아니라 햇빛발전이나 풍력발전에도 힘을 기울이고 있다.

2005년 에너지경제법이 개정되면서 송전선을 소유하는 회사와 전력을 공급하는 회사가 완전히 나뉘게 되었다. 이에 따라 어떤 전력 회사든 공평하게 송전선을 쓸 수 있도록 보장받았다. 지금은 큰 회사 4군데가 고압 송전망을 소유하고 작은 송전 회사 여러 곳이 지역 송전선을 나누어 소유하고 있다. 독일연방통신청이 송전선을 쓰면서 법을 어기지는 않는지 감시한다. 또 국책으로 재생에너지를 중시하고 있어 재생에너지가 맨 먼저 송전선을 쓸 수 있도록 법률로 정해 놓았다. 이 법률에 따라 화력, 핵발전, 풍력이 만약 같은 지역에서 전기를 생산하고 있다면 풍력에너지가 가장 먼저 송전되어 쓰이게 된다.

골드만 환경상에 이르기까지, 수많은 상이 쏟아지다

쇠나우 시민들의 활동은 1994년 '핵 없는 미래를 위한 부모들'이 '독일 에너지상Deutscher Energiepreis'을 수상한 뒤로, 지금껏 여러 상을 받았다. 탈핵 운동이나 에너지 절약 활동, 지속 가능한 사회를 만들어 가고자 하는 신념이 평가를 받은 것이다. 상을 받을 때마다 더욱 이름을 얻으며 고객이 느는 바람직한 순환을 하고 있다.

2003년, 슬라데크 부부는 핵 없는 에너지 공급에 기여한 공로로 환경 분야의 오스카라고 불리는 '유럽 태양광상European Solar Prize'을 받았다. 1999년부터 2003년까지 전국에서 열병합발전, 수력, 바이오가스, 햇빛발전 등 재생에너지 설비를 새롭게 624군데에 설치한 공적이 크다고 보았다.

2011년 4월, 우르슐라 슬라데크 씨가 환경 분야의 노벨상이라 불리는 골드만 환경상을 받았다. 해마다 환경을 지키고자 힘쓴 6명에게 주는 상으로 핵발전에 반대하고 지역 분산형 전력 공급에 힘쓴 점을 높이 샀다. 샌프란시스코에서 열린 수상식이 끝난 뒤 우르슐라 씨는 백악관을 방문해 오바마 대통령을 만났다. 그 자리에서 그이는 핵발전을 추진하고 있는 미국의 생각을 바꿔 달라고 요청했다. 그리고 수상이 결정됐다는 연락을 받은 뒤 부랴부랴 준비한 영어판 《핵발전을 반대하는 합당한 이유 100가지》를 건넸다. 또 2012년 4월, 슬라데크 부부는 바덴뷔르템베르크 주가 수여하는 '공로 훈장'을 받기도 했다. 에너지원을 바꾼 진정한 전문가로 인정받은 것이다.

이들이 그동안 받은 상은 다음과 같다.

• 1994년 '핵 없는 미래를 위한 부모들'이 '독일 에너지상'을 받았다.

- 1996년 미하엘 슬라데크 씨가 세계자연기금과 경제 잡지 〈자본Capital〉이 공동으로 선정하는 '올해의 환경 지킴이Ökomanager des Jahres'에 뽑혔다

- 1997년 쇠나우송전선매입회사가 독일 연방의회Deutschen Bundestages가 주는 '민주주의 활동Demokratie leben' 후원금을 받았다.

- 1997년 쇠나우송전선매입회사가 '헨리 포드 유럽 환경 보전상Henry Ford European Conservation Award' '환경 기술 부문 상'을 받았다.

- 1999년 슬라데크 부부가 '핵 없는 미래상Nuclear Free Future Award' 시상식에서 '해결책Solutions 상'을 받았다.

- 1999년 미하엘 슬라데크 씨가 '구테델상Gutedelpreis'을 수상했다. 구테델은 백포도주를 담그는 독일 바덴 지역 특산 포도로, 슬라데크 씨는 상패와 함께 포도주 225리터(300병)를 부상으로 받았다.

- 2003년 슬라데크 부부는 '유럽 태양광상'을 수상했다.

- 2004년 쇠나우전력회사 대표 마르틴 할름 씨가 경제부 장관과 환경부 장관이 주는 '재생에너지를 위한 상승기류상'을 받았다.

- 2004년 재생에너지를 공급하기 위해 헌신한 공로로 슬라데크 부부가 '공로십자훈장Bundesverdienstkreuz am Band'을 받았다.

- 2006년 쇠나우전력회사가 미래경제포럼Forum Zukunftsökonomie이 후원하는 '노동상Preis der Arbeit'을 받았다. 생태적이고 사회경제적인 가치를 실현하고 있는 모범 시민 기업이라는 점을 인정받았다.

- 2007년 쇠나우전력회사가 '독일 기업가상Deutscher Gründerpreis'을 받았다.

- 2008년 쇠나우전력회사가 '유토피아상Utopia Prize' '기업 부문 상'을 받았다. 유토피아 상은 환경이나 자원을 보호해, 지속 가능한 삶을 누릴 수 있는 조건을 마련한 조직이나 상품, 반짝이는 생각을 해마다 발굴하고 있다.

- 2008년 우르술라 슬라데크 씨가 아쇼카재단Ashoka Fellow의 사회기업가Social Entrepreneur로 선정되었다. 아쇼카재단은 사회적 경제를 지원하는 세계적인 조직이다. 해마다 70개국에서 수천 명에 이르는 사람들을 추천받아 그 가운데

혁명적인 생각을 가지고 사회 문제에 기여하고 있는 200명을 고른다.

- 2010년 '생각하는 사람Querdenker Award' 시상식 '선견지명Kategorie Vordenker' 부문 수상자로 슬라데크 부부가 선정되었다.

- 2011년 우르슐라 슬라데크 씨가 '골드만 환경상'을 받았다.

- 2011년 쇠나우전력회사가 '사회민주당 혁신상Innovationspreis der SPD'을 받았다. 조합원이 출자하는 형태로 운영하면서 대기업이나 핵발전에 기대지 않고도 에너지 공급이 가능하다는 것을 보여 주었고 민주적인 구조로 전력을 공급하고 있다는 점을 높이 샀다.

- 2012년 슬라데크 부부가 바덴뷔르템베르크 주 '공로 훈장Verdienstorden'을 받았다.

- 2013년 우르슐라 슬라데크 씨가 독일한경재단The Deutsche Bundesstiftung Umwelt, DBU이 주는 '독일 환경상Deutscher Umweltpreis'을 받았다.

- 2015년 바덴바덴 국제경제포럼Internationales Wirtschaftsforum Baden-Baden에서 '기업 부문 상Business-Award'을 받았다.

- 2016년 지속가능발전위원회Der Rat-Rat für Nachhaltige Entwicklung의 '워크숍 엔 프로젝트Werkstatt N-Projekt 2016'를 기후+ 재단Klimaschutz+ Stiftung e.V.과 함께 수행했다. 프로젝트 결과물은 https://solidarstrom.de/에서 살펴볼 수 있다.

- 2017 지역 평의회의 만장일치 결정으로 슬라데크 부부가 '쇠나우 시 시민 메달 Bürgermedaille der Stadt Schönau'을 받았다.

- 2019년 우르슐라 슬라데크 씨가 생태와민주주의재단Stiftung für Ökologie und Demokratie e.V.이 뽑은 '생태 대사Ökologia2019'로 선정되었다.

환경을 배려한 전자 제품,
한눈에 보는 에너지 등급

선진국에서는 한 사람이 한 해에 이산화탄소를 20톤이나 배출한다고 한다. 개발도상국은 1톤 아래라 그 차이가 너무 크다. 기후를 보호하려면 전 세계 사람들이 3.5톤까지는 낮춰야 한다.

독일 전자 제품은 유럽연합EU 규격에 맞춰 누구든 한눈에 상품의 에너지 소비량을 알 수 있게 되어 있다. 냉장고나 세탁기를 비롯해 건조기, 식기세척기, 텔레비전, 냉방기, 전기 오븐 따위에 모두 적용된다.

전력 소비가 적은 A부터 낭비가 심한 G까지 단계별로 표시되는데, 요즘은 많이 개선되어 냉장고는 A만, 세탁기는 A부터 C까지밖에 출시되지 않는다. 그래서 2003년부터 냉장고와 냉동고에는 A+와 A++가, 2011년부터 A+++가 도입되었다. 또 식기세척기, 텔레비전, 세탁기에도 A+++가 도입되었다.

가령 냉장고는 A+++를 기준으로 하면 A++는 22퍼센트, A+는 33퍼센트, A는 44퍼센트 효율이 떨어진다. 한편 텔레비전은 A+++에 대면 A++는 10퍼센트, A+는 16퍼센트, A는 23퍼센트 효율이 떨어지고,

식기세척기는 A+++를 기준으로 A++는 50퍼센트, A+는 56퍼센트, A는 63퍼센트나 효율이 떨어진다. 이와 같이 등급 라벨을 붙일 때 가전제품 종류에 따라 그 기준이 달라진다.

라벨에는 한국과 달리 에너지 효율 등급뿐만이 아니라 그 기계의 특성도 밝히고 있다. 이를테면, 세탁기에는 물 소비량은 물론이고, 탈수가 잘 되는지 몇 킬로그램까지 빨 수 있는지 따위가 자세하게 표시되어 있다. 탈수가 잘 되면 빨래가 빨리 말라 건조기 사용 시간을 줄일 수 있다. 이와 같이 기준이 통일되어 있어 소비자는 다른 회사 제품과 견주기 쉽다.

절전에 관한 소책자도 나와 있다. 어느 제품을 골라야 에너지를 아낄 수 있나, 얼마쯤이나 절전이 가능한가 하는 게 쓰여 있다. 초기 비용이 비싸더라도 몇 년이면 절전으로 그 비용을 거두어들일 수 있는지 구체적인 숫자가 나와 있어 소비자들에게는 고마운 정보가 된다. 절전 상품은 가정의 경제 지출을 줄일 뿐더러 이산화탄소를 줄이는 데도 도움이 된다.

독일 경제기술부의 지원을 받고 있는 에너지효율협회Die Initiative EnergieEffizienz 누리집https://stromeffizienz·de/에서는 전자 제품을 쓰는 데 들어가는 비용을 비교·검토할 수 있다. 시민들에게 절전을 권하고 있는 셈이다.

쇠나우전력회사의
어제, 그리고 오늘

쇠나우전력회사는 "사람들의 안전이 무엇보다 먼저다. 그리고 환경에 짐을 지우지 않아야 한다." 이 두 가지를 가장 중요하게 여긴다. 일반 전력 회사가 '최대한 돈을 많이 버는 것'을 목표로 삼는 것과는 무척 대조적이다. 회사를 시작한 이들 가운데 한 사람인 우르슐라 슬라데크 씨는 "전력 공급만이 우리 일이 아니다."라고 잘라 말한다. 이들은 스스로를 '사회적 기업'이라고 부른다.

이 장에서는 시민운동에서 기업으로 발전해 더더욱 활동 범위를 넓혀 나가고 있는 쇠나우전력회사의 신념과 진행 중인 활동, 앞날의 전망을 소개한다.

인간적이고 지속 가능하며 환경에 부담을 덜 지우는 사회적 기업

시민운동을 시작할 때부터 목표가 뚜렷했다. "핵발전을 멈추고 100퍼센트 재생에너지로" 바꾸는 것이다. 시민운동 시절에도, 기업이 된 지금도 이 이념에 따라 모든 일을 해 나간다. 그것은 탈핵과 기후 보호, 에너지 경제의 지역 분산화와 민주화다.

쇠나우전력회사는 전국의 환경 운동가들과 연대해 서로 생각을 나누고 여러 기획을 함께 실현해 왔다. 나중에 쓰겠지만 '햇빛동전Sonnencent'으로 1,800곳이나 되는 자연에너지 발전 시설을 지원하는 것도 한 예다. 슬라데크 부부는 곳곳에서 열리는 강연이나 모임에 참석해 함께 의논하고, 그것을 구체화시킬 수 있도록 지원하고, 의욕을 북돋운다. 쇠나우전력회사는 시민 기업이라 "나도에너지를 바꾸는 운동을 함께 하겠다."는 바람을 품은 이들에게 큰 용기를 주고 있다.

특히 중요한 점은 지속 가능한 에너지를 공급하는 시스템의 운명은 "한 사람 한 사람의 어깨에 걸려 있다."는 이야기를 전하는 것이라고 한다. 저마다 스스로 행동할 때 시스템을 바꿀 수 있다. 자연에너지를 쓰면 탈핵이 앞당겨지고, 생활에서 에너지를 아껴 쓰면 자원과 비용을 아낄 수 있다. 스스로 행동해야만 에너지 변화를 직접 이끌 수 있다. 이렇듯 "시민이 중심이 되는 기업이 인간적이고 지속 가능하며 환경에 부담을 덜 지운다."는 것을 신념으로 삼고 있다.

태양광 패널이나 열병합발전기를 집에 설치하면 쇠나우전력회사에서 보조금이 나온다. 회사의 조합원이 되어 출자하면 배당금도 받을 수 있다. 쇠나우전력회사는 2만 유로(2,600만 원)를 출자해 시와 함께 김나지움 지붕에 태양광 패널을 올리기도 했다. 베른하르트 제거 시장도 쇠나우전력회사가 벌이는 활동을 높이 사주고자 한다. 쇠나우 광장에 낡은 성당이 있는데 이 지붕에 태양광 패널을 설치하는 것도 고려하고 있다고 한다. 보수적인 가톨릭교회가 오랜 역사를 지닌 성당 지붕에 태양광 패널을 설치한다면 그야말로 많은 이들의 관심이 집중될 것이다.

쇠나우에서 엔진과 모터를 만드는 하인츠만Heinzmann과도 풍력발전장치를 마당에 설치할 수 있는 기술을 개발해 보자고 협의 중이다. 이렇게 미래를 내다보며 여러 기획을 추진하고 있다.

전력을 마련하고 고객을 늘리는 방법

전력 회사라고 한마디로 뭉뚱그리지만 전력 시장이 자유화되면서 온갖 업자들이 그 말에 다 속하게 되었다. 발전이나 소매, 송전업무 따위가 나뉘게 되어 이런 회사들이 모두 전력 회사에 들어간다. 쇠나우전력회사는 전력 소매를 주로 하지만 송전선도 있으니 송전도 한다. 아직은 충분하지 않은 양이지만 곳곳에 설치된 햇빛발전기나 수력발전소, 풍력발전소에서 스스로 전력을 생산하고 있기도 하다.

현재 쇠나우전력회사가 다루는 전력은 대부분 노르웨이의 수력발전소에서 사들이고 있다. 하지만 독일의 작은 발전 시설에서 사들이는 전력도 조금씩 늘고 있다. 지원하는 뜻을 담아 값이 비싸도 되도록 새로 들어서는 시설에서 사려고 한다. 이렇게 사들인 전력을 고객에게 판다. 2010년에는 4억 5천 킬로와트시, 2011년에는 5억 킬로와트시에 이르는 전력을 다루었다. 그 중 5퍼센트가 독일 안에서 난 전기이다. 개인이나 단체, 기업과 함께 출자하고 있는 발전소도 적지만 있다. 앞으로 꾸준히 늘려 갈 계획이다.

개인 고객은 물론 법인 고객도 늘고 있다. 앞에서 말한 알프레드 리터나 대규모 약국 체인 데엠DM, 1천여 가지 유기농 제품을 파는 알나투라ALNATURA가 대표적이다. 또 녹색당 지역 사무소나 유기농 화장품 회사, 건설 회사, 요양원, 승강기 회사, 은행에 이르기까지 다양하다. 환경을 배려하고자 하며, 사회적 신념을 바탕으로 일하는 조직이나 회사들이 많다. 이들에게 전력은 특별한 의미가 있고 자연에너지가 중요하다. 그래서 쇠나우전력회사에서 사는 것이 뜻깊다고 여기는 것이다. 소비자 가운데는 "나도 쇠나우 회원이 되었다."고 하는 사람도 있을 정도다. 다른 전력 회사에서는 있을 수 없는 일이다.

미하엘 슬라데크 씨는 "자연에너지를 사서 쓰니까 자긍심이 솟는 거죠. 지구에 좋은 일을 하고 있다고 느끼는 사람들이 많아요." 하고 말한다. 독일 안에는 1천여 곳을 헤아리는 전력 소매 회사가 있지만 그 가운데는 핵발전에서 난 것을 섞어 만든 전력인데도 쇠나우의 자연에너지보다 값이 비싼 회사도 있다.

쇠나우전력회사는 여느 전력 회사와 달리 사람들 마음을 울리는 뭔가가 있다. 슬라데크 부부의 인간적인 매력도 크다. 그래서 두 사람과 인연이 닿으면서 쇠나우에서 전력을 사게 됐다는 사람도 적지 않다.

2007년 우르슐라 슬라데크 씨는 전력 대기업 에온 대표와 함께 텔레비전에 출연했다. 에온은 뒤셀도르프Düsseldorf에 본사를 둔 회사로 독일에서 핵발전으로 만들어지는 전력 가운데 42퍼센트를 생산해 온 곳이다. 이 프로그램 덕분에 250만 시청자들은 전기를 적게 쓰는 소비자라면 핵으로 만든 전력이 섞인 에온 전기보다 쇠나우의 자연에너지를 쓰는 게 훨씬 싸다는 것을 확실히 알게 되었다. 이튿날부터 쇠나우 고객이 놀랄만큼 늘었다. "텔레비전에 나가는 건 내키지 않아요. 하지만 핵발전소가 가동되는 한 출연해야 죠." 하고 우르슐라 씨는 말한다. 이처럼 슬라데크 부부는 전력 업계에서도 무시 못 할 존재가 되었다.

이와 같이 언론에 나오고 상도 받다 보니 이것들이 상승효과를 낳아 고객 수가 불어났다. 특히 2011년에는 3월에 후쿠시마 핵발전소 사고가 터진 데다 4월에 미국에서 골드만 환경상을 받으면서, 고객이 25퍼센트나 늘었다. 2012년 여름에는 13만 세대가 되어, 이 해에는 목표로 삼은 10퍼센트 증가가 틀림없을 것으로 내다보고 있다.

새로운 자연에너지 설비를 지원하는 햇빛 동전

쇠나우전력회사는 이미 있는 재생에너지 발전 시설이 생산한 전력을 전력 회사가 서로 차지하고자 다투는 게 아니라, 발전 시설을 새롭게 건설해야만 자연에너지를 늘리는 의의가 크다고 여긴다. 그래서 햇빛 동전이라는 제도를 만들었다.

2012년 요금을 기준으로 쇠나우전력회사에서 전력을 사게 되면 1킬로와트시에 23.9센트(372원)를 내게 되는데, 그 가운데 0.5센트(7.8원)가 햇빛 동전이라는 이름으로 새로운 재생에너지 개발을 지원하는 보조금으로 적립된다. 소비자는 그저 전기를 샀을 뿐인데 이게 새로운 전력원 개발을 지원하는 행동이 된다는 얘기다. 여기에도 선택권이 있다. 1킬로와트시에 24.5센트(햇빛 동전 1센트 포함)짜리와, 25.69센트(햇빛 동전 2센트 포함)짜리도 마련되어 있어 지원금을 더 내고자 하는 소비자는 원하는 쪽을 고를 수 있다.

이 햇빛 동전 보조금은, 쇠나우전력회사에서 전기를 사는 고객들이 햇빛발전기나 열병합발전기 같은 작은 발전장치를 설치했다면 쓰다가 남은 전기를 쇠나우전력회사에 도로 팔 때 매입 가격에 보태어 받을 수 있다.

보조를 받을 때는 발전 규모가 얼마든 상관없다. 가정집 지붕에 햇빛발전기를 설치하는 경우라면 1킬로와트시마다 처음 5년 동안은 6센트(93원), 그 뒤에는 4센트(62원)를 보조금으로 지원한다. 열병합발전은 처음 5년 동안은 0.5센트(7.8원), 나중에는 2센트(31원)가 지급된다. 법에 정해진 매입 가격이면 손해를 볼 수도 있어 소비자가 설치를 망설이지만, 이 제도라면 마음 놓고 해 보자고 결정할 수 있다.

그리고 햇빛 동전은 쇠나우전력회사가 독자적으로 건설한 발전 시설은 보조하지 않는다. 오로지 재생에너지 발전소를 늘리고자 하는 바람으로 고객들이 설치하는 시설만을 지원한다. 2012년까지 전국에 1,800군데 설비에 투자했고 2011년 한 해 동안 3천만 킬로와트시~3,500만 킬로와트시나 되는 전기를 생산했다.

홍보용 소책자 〈에너지 절약 도우미〉를 만들다

독일에서는 한 사람이 한 해에 전력 1,700킬로와트시를 쓴다고 한다. 전기는 꼭 필요하니까 할 수 없는 일이다. 하지만 생활의 질을 낮추지 않으면서도 환경에 미치는 부담을 줄일 수 있도록 노력해야 한다. 그러려면 어떻게 해야 하는가? 해답 가운데 하나가 절전이다.

쇠나우전력회사는 전력을 쓸데없이 많이 쓰는 게 문제라고 여긴다. 사람들이 아무 생각 없이 전기를 쓰다 보니 전력 회사는 더 큰 발전소를 자꾸만 세우게 된다. 나라 어디를 가나 송전선이 놓여 있고 전력 회사는 전기를 가장 많이 쓰는 시간에 대비해 전력을 많이 비축해 놓는 것이다.

쇠나우전력회사는 에너지를 아끼고, 전력을 효율적으로 쓰는 방법을 찾아, 2011년에 〈에너지 절약 도우미〉라는 소책자를 엮었다. 65쪽짜리로 쇠나우전력회사 누리집에서도 볼 수 있다.

독일에서는 1970년부터 1990년까지 한 세대당 전력 소비가 2배로 늘었다. 전력경영협회Verband der Elektrizitätswirtschaft, VDEW는 1991년부터 2001년까지 가정에서 쓴 전력이 해마다 0.6퍼센트 불어나 1,222억 킬로와트시에서 1,310억 킬로와트시가 됐다고 밝혔다. 전기 요금은 비싼데 소비는 늘어 2005년에는 1,420억 킬로와트시에 이르렀고, 2010년에도 비슷하게 썼다. 냉장고나 냉동고보다 텔레비전이나 컴퓨터가 먹는 전기가 늘었다.

산업을 포함하면 독일 전력 수요는 1991년에는 5,400억 킬로와트시, 2001년에는 5,850억 킬로와트시였다. 이게 2010년에는 6,040억 킬로와트시에 이르렀고 생산된 전력은 6,247억 킬로와트시라고 한다.

화력발전은 1킬로와트시당 이산화탄소를 500그램~700그램 내놓지만 열병합발전이나 재생에너지라면 평균 100그램으로 낮아지고, 저급 갈탄 발전소 같으면 1천 그램으로 치솟는다. 이산화탄소 배출량을 줄이기 위해서도 재생에너지를 도입하고 에너지를 아껴 나가는 움직임이 중요하다.

60와트짜리 백열전구를 절전형 전구로 바꾸면 밝기는 같은데 소비 전력은 15와트로 줄어든다. 절전형 전구는 비싸지만 그 값어치를 다 하고도, 60유로(9만 3,636원)를 더 아낄 수 있다고 한다.

절전형 전구에는 전구형 형광등이나 엘이디 조명이 있다. 전구형 형광등은 백열전구가 먹는 전력의 20퍼센트 정도면 같은 밝기가 된다. 엘이디 조명은 전력 소비가 더 적다. 어느 쪽이든 초기 비용은 비싸지만 전력 소비가 적고 내구성이 뛰어나 결과적으로 전기 요금을 줄일 수 있다. 전구형 형광등은 자주 켰다 껐다 하면 수명이 짧아지고, 스위치를 켠 뒤 밝아질 때까지 몇 초가 걸리는 따위로 아쉬운 점이 있지만 엘이디보다 값이 싸 독일에서는 널리 보급돼 있다.

독일에서는 2009년부터 전력 낭비형 전구 판매를 점차 금지하고 절전형 전구를 쓰도록 하고 있다. 2009년 9월부터 75와트 이상을 판매 금지했고, 2010년 9월부터는 60와트, 2011년 9월부터는 40와트까지 팔 수 없도록 막았다. 집에 남아 있는 것은 써도 되지만 새로 살 수는 없다. 이렇게 하며 절전형 전구를 쓰도록 권장하고 있다.

쇠나우전력회사는 8와트나 14와트짜리 전구형 형광등을 6개들이 한 묶음에 16유로(2만 5천 원)를 받고 판다. 누리집에서도 살 수 있다. 이 전구는 8천 시간이나 쓸 수 있고 빛은 따뜻하게 밝다. 8와트짜리 전구 6개면 다 쓸 때까지 275유로(42만 9천 원), 14와트면 480유로(74만 9천 원)를 절약할 수 있다. 게다가 이산화탄소를 각각 1톤, 1.6톤 적게 배출한다고 한다.

텔레비전 같은 가전제품은 꺼져 있어도 플러그를 콘센트에서 뽑지 않으면 전기를 먹는다. 전원을 꺼도 기기에 작은 표시등이 켜져 있거나 손을 댔을 때 온기를 느낀다면 24시간 줄곧 전기를 쓰고 있다는 증거다. 대기 전력을 없애면 4인 가족일 때 평균 100유로(15만 6천 원) 가까이 절약할 수 있다. 컴퓨터도 전력을 많이 먹는다. 쉴 때마다 끄고, 프린터나 모뎀도 쓰지 않을 때 꺼 놓으면 전력을 아낄 수 있다.

〈에너지 절약 도우미〉에는 '묻고 답하기' 란이 있어 우리가 아는 듯하지만 실은 모르고 있는 정보가 많이 나와 있다. 예를 들자면 이렇게 말이다.

질문	대답
A 전기레인지로 음식을 한다면, 냄비 뚜껑을 쓸 때와 안 쓸 때 전력 소비량이 얼마나 차이가 날까요?	A 냄비 뚜껑을 쓰면 3배가량 아낄 수 있습니다.
B 벽 단열을 잘하면 난방비를 얼마나 아낄 수 있을까요?	B 50퍼센트쯤 절약 됩니다.

C 브라운관 텔레비전을 전원 대기 등만 켜 둘 때와, 시청할 때는 전 력 소비량이 얼마나 차이가 날까 요?	C 거의 안 나죠.

이웃에게 에너지 절약을 권하는 전력 회사

보통 전력 회사는 전기를 더 많이 팔아서 돈을 벌고자 한다. 그 가운데는 밤에 생산되는 전기를 싸게 팔아서 전기로 난방을 하게 하는 극히 비효율적인 방법을 소비자에게 권하는 회사도 있다. 송전선이 있으면 지역민에게 영업하기가 쉬워지니 지역 전력 회사의 영향력은 커지기 마련이다. 하지만 쇠나우전력회사는 전기 난방이나 전기 자동차를 권하지 않는다. 오히려 소비자들에게 에너지를 아끼자고 권한다. 이것은 쇠나우전력회사가 상품, 곧 전기를 덜 팔겠다는 얘기지만, 우르슐라 씨는 "전력을 많이 팔아서 돈을 많이 버는 게 우리 목적이 아니"라고 말한다.

하루는 미하엘 슬라데크 씨가 이웃 정육점에 들어갔다. 가게와 부엌을 둘러보고는 "식기세척기가 직접 따뜻한 물을 데우는 방식보다는 가스 순간온수기를 따로 쓰는 게 좋다."며, "가스 순간온수기를 들일 때는 구형 말고, 요즘 나오는 제품을 사면 많게는 80퍼센트나 에너지를 아낄 수 있다."고 조언했다. 그리고 신형 가스 순간온수기를 살 때는 쇠나우전력회사가 보조금 75유로(11만 7천 원)를 지원한다고 말해 주었다. 더 많은 사람들이 에너지를 낭비하지 않고 지구에 있는 자원을 최대한 활용했으면 하는 바람으로 일하고 있다. 지역 주민들하고 사귀면서 전기에 관한 문제들도 속속들이 알 수 있어 좋다고 한다. 이렇듯 얼굴을 보고 소통하는 그런 인간관계를 소중히 하고 있다.

두 마리 토끼를 잡는 열병합발전

열병합발전이란 열과 전기, 둘을 모두 활용할 수 있어 아주 효율적인 발전 장치이다. 미하엘 슬라데크 씨는 열병합발전을 "에너지 전환에 꼭 필요한 획기적인 기술"로 본다. 먼 곳에 대형 발전소를 짓고 긴 송전선으로 전력을 보내면 송전 중에 2/3가량이 없어진다. 그래서 가까이에서 발전하고 그 자리에서 열과 전력을 쓰는 게 효율이 좋다.

병원이나 학교, 사무소, 아파트 같은 건물 지하실에 열병합발전기를 설치하면 건물 전체가 쓰는 열과 전력이 해결된다. 지금은 천연가스가 주된 연료지만 바이오가스나 목재 압축 연료 따위도 가능하다. 재생 가능한 자연 원료를 쓰면 환경에도 부담이 크지 않을 테고, 자가발전이나 다름없으니 바깥 날씨가 어떻든 걱정 없고, 전기가 나갔을 때도 마음 든든하다. 또 발전으로 열이 생기면 물을 데워 탱크에 담아 놓고 이것을 밥할 때나 목욕, 난방에 쓰면 된다. 독일에서는 따뜻한 물을 방마다 돌려 집 전체를 난방하는 것이 일반적이다.

2002년 열병합발전법Kraft-Wärme-Kopplungsgesetz, KWKG이 제정되었고 2009년 1월 개정되었다. 그래서 재생에너지처럼 열병합발전으로 생긴 열도 고정 가격으로 팔 수 있다. 2012년 현재 전력 매입 가격은 발전 용량에 따라 1킬로와트시당 0.002센트~0.5센트이다. 법을 개정하면서 독일은 열병합발전으로 발전하는 전력을 전체 전력 생산량의 15퍼센트~25퍼센트까지 끌어올리고자 하고 있다.

미하엘 슬라데크 씨는 열병합발전이 독일 전체 에너지 생산의 40퍼센트를 맡을 수 있다고 본다. 그러기 위해서는 열병합발전으로 생산한 전력을 사들이는 가격이 올라야 한다고 생각한다. 쇠나우전력회사는 2009년 말부터 가스도 공급하고 있다. 가스는 특별히 홍보하고 있지는 않지만 2012년을 기준으로 남독일의 바덴뷔르템베르크 주와 바이에른 주, 브레멘 주에 1만에 가까운 고객을 두고 있다.

독일에서는 물을 데우거나 난방을 할 때 천연가스를 쓰는 것이 보통이라 가스는 전력과 함께 생활에 꼭 필요한 에너지로 자리매김했다. 뒤에 더 쓰겠지만 쇠나우전력회사는 다른 지역에서도 송전망을 사들이려고 한다. 그러려면 그 지자체의 전력 공급권을 따낼 필요가 있다. 지자체는 전력이나 가스를 한 회사에 맡기는 것이 편하다 보니 공급사에 둘 다를 요구하는 일이 많다. 가스를 공급하면 바이오매스나 수소를 전기 분해할 때 나오는 메탄가스를 고객들에게 제공할 수 있게 된다. 그러면 전력과 가스 두 가지로 자연에너지를 늘려 나갈 수 있다. 고객이 집에 열병합발전기를 설치했다면 쇠나우전력회사에서 산 가스로 발전기를 돌리고, 거기서 난 전력을 쇠나우전력회사에 되파는 것도 가능하다.

《핵발전을 반대하는 합당한 이유 100가지》

《핵발전을 반대하는 합당한 이유 100가지》는 핵 전력의 이모저모를 살핀 보고서이다. 독일의 실례가 잘 나와 있어 다른 나라에서도 참고가 될 것이다. '안전 기준과 건강 피해', '사고나 큰 재앙이 일어날 위험성', '기후 보호와 전력 공급' 같은 10개 꼭지로 나누어 알기 쉽게 풀어 써 놓았다. 가령, 핵발전 산업에 쏟아 붓는 거액의 보조금이나 전기 요금을 매길 때 쓰는 꼼수를 알면 "핵발전 전기는 싸다."는 명제가 얼마나 엉터리인지 알 수 있다. 우라늄을 캐낼 때 벌어지는 환경오염이나 피폭도 심각하다. 거기서 일하는 사람들에게 우라늄의 위험성을 알리지 않고 있다. 그래서 노동자들은 방사성물질로 오염된 작업복을 걸치고 집으로 돌아가 아이를 안는다. 진정한 범죄 행위이다.

우라늄 채굴로 오염된 진흙은 사람과 환경을 위험에 빠트린다, 핵발전이 생산하는 전기는 이산화탄소를 배출하지 않는다는 이야기는 거짓이다, 우라늄 채굴과 정제, 농축 작업으로 기후변화를 일으키는 온실가스가 엄청나게 배출된다, 이렇게 쓰고 있다. 또 독일 환경부가 의뢰한 극비 조사에 따르면 테러가 일어나 핵발전소로 비행기가 돌진한다면 안전한 핵발전소는 하나도 없다고 한다. 이런 결과들이 소개되어 있다.

독일어판 말고도 영어, 프랑스어, 러시아어, 노르웨이어, 크로아티아어, 폴란드어로도 번역되었다. 후쿠시마 핵발전소에서 사고가 일어난 뒤에는 일본어판도 나왔다. 일본어판 끝부분에는 '파국을 낳는 큰 재해', '고향을 잃어버린 사람들'처럼 후쿠시마 사고를 되짚을 수 있는 꼭지를 따로 두었다. "후쿠시마에서 일어난 사고가 일본의 탈핵으로 이어졌으면 합니다." 하고 우르슐라 씨는 말한다.

이 책은 각 언어판을 모두 무료로 볼 수 있도록 온라인으로 공개하고 있다. 원본인 독일어 전자책에서는 정보의 출처까지 자세히 살필 수 있다. 또한 독일어판은 종이책 1권에 1유로(1,560원)라는 아주 싼값으로 팔고 있다. 76쪽짜리로 100피센드 재생지를 썼다. 100권을 한꺼번에 사면 60유로(9만 3,636원)로 할인되어 1권에 60센트(936원)꼴이다. 탈핵 행사들에서 널리 나누어지기를 바라는 마음으로 값을 매겼다.

상품 심사에서 자연에너지 부문 1위에 오르다

독일에서는 독립된 기관이 평가하는 상품 심사가 인기다. 이를 테면, '외코테스트ÖKO-TEST, 환경 심사'는 식료품부터 잡화, 자동차, 보험까지 여러 상품을 견주어 순위를 매긴다. 많은 소비자들이 심사 결과를 참고해 장을 본다. 그래서 높은 순위에 오른 상품은 많이 팔린다. 2011년 5월 자연에너지 요금 부문에서 쇠나우전력회사가 1등을 차지했다. 구성원이 적은 일반 가정이라면 자연에너지를 살 때 쇠나우전력회사가 가장 싸다는 것을 증명한다. 이후에

도 꾸준히 외코테스트에서 '최우
수' 평가를 받았다.

2012년 2월에는 스티바Die Stiftung
Warentest, StiWa, 상품심사재단가 자연에
너지 회사를 비교·분석했는데 전
국 19개 회사 가운데 쇠나우전력
회사가 '절약 활동' 면에서 '최우수'

스티바의 심사 결과는 매우 엄정
하다. 최우수sehr gut(1.0~1.5), 우
수gut(1.6~2.5), 보통befriedigend(2.6~3.5),
나쁨Ausreichend(3.6~4.5), 아주 나쁨
Mangelhaft(4.6~5.5)으로 평가하는데, 만
족할 만한 품질이 아니라면 그 분야에서
최우수 등급은 나오지 않는다. 그래서 이
심사에서 최우수 판정을 받는 상품은 큰
신뢰를 받는다.

라는 성적을 거뒀다.[*] 요금도 '우수'하다고 나와 소비자를 배려한
체계로 또 한 번 인정받은 셈이다. 쇠나우전력회사는 다른 곳에
서 전기를 사 와서 고객에게 판매하기도 하지만, 새롭게 풍력발전
기를 세우거나 시민들이 태양광 패널이나 열병합발전장치를 설치
할 수 있도록 지원하기도 해 에너지 전환을 위한 노력도 남다르다
는 평가를 받았다.

쇠나우전력회사는 2018년 기준 기본요금이 한 달에 8.95유로
(11,749원)다. 독일 자연에너지 회사들은 현재 8.90유로~8.95유로
를 기본요금으로 삼고 있다.

쇠나우전력회사는 1킬로와트시에 25.95센트(340원)를 받는다.
다른 회사들은 27.10센트(355원)~27.99센트(367원)를 받는다. 혼
자 산다면 연간 사용량이 1,500킬로와트시라고 할 때 쇠나우전력

이 경우 연간 7.5유로, 우리 돈으로는 1만 원 가까운 돈이 햇빛 동전으로 적립된다.

회사가 청구하는 전기 요금은 매달 41.39유로(54,336원)가 된다. ▪

독일 1인 가구 평균 전력 소비량은 연간 1,500킬로와트시이고, 4인 가구는 3,400킬로와트시이다.

틀린 것은 틀렸다고 말하는 회사

2011년 독일 정부는 전력을 해마다 1천만 킬로와트시 넘게 쓰면서 한 해에 7천 시간 넘게 송전선을 사용하는 대형 소비자는 송전선 사용료를 내지 않아도 된다고 결정했다. 이에 따라 총 전력의 15퍼센트를 사용하고 있는 회사 520여 곳이 사용료를 면제받았다. 깎아 준 돈은 중소기업이나 가정 몫으로 떨어졌다. 한 해에 3,500킬로와트시를 쓰던 집이라면 1년에 26유로(44,119원)였던 송전선 사용료가 35유로(59,391원)까지 올랐다. 에너지 절약을 추진해야 할 정부가 전기를 더 많이 쓰는 기업에게 사용료를 면제해 준다는 것은 말이 안 된다. 앞뒤가 바뀌어도 정도가 있다.

쇠나우전력회사는 이 정책이 에너지경제법과 유럽연합 지침을 거스른다고 보고 재판을 청구하기로 했다. 이처럼 쇠나우전력회사는 잘못되었다고 여기는 일에 대해서는 회사와 직접 관계가 없는 일이라 해도 틀렸다고 목소리 높여 말하는 것이 방침이다.

또 2010년부터 독일 정부는 브라질 정부가 130억 유로(22조 8,201억 원)를 들여 핵발전소를 건설하는 일에도 보증을 서고 있다. 자국에서는 탈핵을 결정하면서 브라질 정부의 핵발전을 지원하는 것이다. 쇠나우전력회사는 인터넷을 통해 반대 운동을 펼치며 많은 사람들의 참여와 도움을 호소하고 있다.

시민 발전소를 지원해 나가다

2002년부터 2011년까지는 200킬로미터쯤 떨어진 곳에 있는 슈베비슈할전력공사Stadtwerke Schwäbisch Hall GmbH가 전기 요금 청구서를 대신 발행했다. 그 계약이 끝나는 시기에 맞춰 쇠나우전력회사는 2011년 겨울부터 컴퓨터 설비를 도입해 직접 청구서도 발행하고, 다른 전력 회사를 돕는 경영 관리 서비스도 시작할 계획이다. 기술을 알려 주는 것뿐만 아니라 실제로 업무를 대신해 신생 기업의 부담을 덜어 주자는 것이다. 이렇게 되면 시민들이 나서서 전력 회사를 운영하고자 할 때 벽이 그만큼 낮아진다.

스스로 재생에너지를 공급하고 싶어 하는 시민들을 지원하기도 한다. 기술을 가르쳐 주거나 이모저모로 돕는다. 2012년 5월부

터 쇠나우에서 30킬로미터 떨어진 티티제노이슈타트에너지공급

회사Energieversorgung Titisee–Neustadt GmbH, EVTN가 전력 공급을 시작

했다. 여기도 시민운동에서 발전한 회사로, 쇠나우전력회사의 지

원이 있어 일이 가능했다. 티티제 노이슈타트 시의회와 교섭할 때

미하엘 슬라데크 씨나 마르틴 할름 대표가 함께 자리해 전문가로

서 조언한 것이다. 결국 쇠나우전력회사의 실적을 보고 시장과 시

의회는 실적이 전혀 없는 티티제노이슈타트에너지공급회사가 전

력을 공급하는 데 동의했다. 그 뒤로는 기술 관리나 전력 매입도

맡아 전면으로 돕고 있다. 처음에는 티티제노이슈타트에너지공급

회사가 60퍼센트, 쇠나우전력회사가 40퍼센트를 출자할 예정이었

지만, 쇠나우전력회사는 자기 몫의 10퍼센트를 떼 일반 시민들이

참여할 수 있도록 했다. "시민들의 참여는 사회를 변화시키는 데

꼭 필요하다."는 생각에서다.

　슈투트가르트Stuttgart에서도 쇠나우전력회사가 40퍼센트를 출

자해 그 지역 전력 회사와 함께 자연에너지 공급사를 세우려는 계

획이 진행 중이다.

　수도 베를린Berlin에서도 2015년부터 전력을 공급하겠다며 시민

들이 활동하기 시작해, 쇠나우전력회사에 지원을 요청했다. 베를

린은 쇠나우에서 800킬로미터나 떨어져 있어 송전선을 관리하거

나 긴급하게 뭘 고쳐야 할 때는 실제로 함께하기가 어렵지만 기술적 방법을 지원하겠다고 약속했다. 쇠나우전력회사는 시민들이 송전선을 사들이고 전력 공급권을 되찾는 일을 처음으로 시작한 회사라 여러 지역에서 끊임없이 도와 달라는 요청이 온다.

사옥을 초단열주택으로

사옥은 본디 1895년에 건설된 기계 공장을 고친 것이라 비좁았다. 그래서 남쪽을 일부 증축해서 낡은 사옥을 확 바꾸었다. 그러다 2011년에 초단열주택passive house, 패시브 하우스으로 새로 태어났다. 초단열주택은 밖에서 들어오는 에너지를 가두어 최대한 이용하기 때문에 난방에 쓰이는 에너지를 어림잡아 80퍼센트나 줄일 수 있다고 한다. 벽에다 단열재를 넉넉히 대고 3중 유리창을 끼운다. 그리고 공기 순환기로 공기를 신선하게 만드는 한편 들어온 햇빛과 열이 밖으로 못 나가도록 막는다. 초기 투자 비용은 많이 들지만 전기 요금이나 냉난방비가 절약되니 길게 보면 싸다. 옥상 위에서는 태양광 패널이 전력을 생산하고 지하실에서는 열병합발전기가 열과 전력을 만든다.

낡은 사옥과 새로 지은 부분은 일체감이 나도록 겉모양은 비슷하게 하되 지붕만은 방향을 달리했다. 새 건물은 지붕을 남쪽으로 세심하게 기울여 태양광 패널이 전기를 더 많이 생산할 수 있도록 지었다. 옛 사옥은 경사가 동쪽으로 나 있어서 남쪽처럼 효율이 높지는 않지만 여기에도 햇빛발전기를 설치했다. 새 사옥에서 연간 2만 8천 킬로와트시, 옛 사옥에서 1만 킬로와트시 남짓 발전해 이것으로 회사에서 쓰는 전력을 거의 해결한다. 새로 지은 창고 지붕에도 햇빛발전기가 줄지어 설치돼 있다.

사무실 안은 널찍하고 천장에 내어 놓은 유리창으로 자연광이 든다. 실내를 꾸밀 때는 지역에서 난 목재를 썼다. 방들 사이의 벽은 유리로 세워 서로가 서로를 다 볼 수 있다. 독일에서는 사무실을 혼자 쓰거나 몇이서 함께 쓰는 것이 보통이지만, 쇠나우전력회사는 한국이나 일본의 사무실처럼 공간을 큰 방으로 터놓아 다들 일체감을 갖고 일할 수 있도록 했다. 기능적이면서 심리적으로 일하기 좋은 공간이 될 수 있게 배려했고, 나중에 사람이 더 늘 때에 맞춰 여유 공간을 두었다고 한다. "낡은 사옥을 고쳐 초단열주택으로 만드는 건 생각보다 큰일이었다."는 우르술라 씨의 말처럼 쉽지는 않았지만 해냈다.

사옥 뒤쪽에는 카바레트Kabarett 공연장이 있다. 전력 회사에 풍자극 공연장이라니 그런 예가 독일에 없다.

"쇠나우는 작은 시라서 문화·오락 시설이 적어요. 자동차로 먼 데까지 안 가도 여기서 지역 주민들이 다양한 문화 공연을 즐겼으면 해서요."

지금은 전국에서 문화·예술인을 초청해 한 해에 대여섯 차례 공연을 한다. 이렇게 해서 주민들의 문화 생활이 좀 더 풍성해지도록 애쓰고 있다. 이밖에도 이 공연장에서는 여러 행사가 열린다. 재생에너지 강습회도 해마다 열리는데 200명~250명에 이르는 사람들이 곳곳에서 쇠나우를 찾는다. 지자체 공무원이나 전문가, 대학교수, 시민 단체 활동가와 같은 다양한 사람들이 정보를 서로 나누고 의논하며 이야기꽃을 피운다. 2012년 6월 30일에는 1천여 명이 이 공간에 모여 전력 공급 시작 15주년을 성대히 축하했다.

신·구 세대가 함께

사원들은 쇠나우 가까이에서 나고 자란 사람이 많지만, 쇠나우 전력회사 이념이 좋아 먼 데서 지원한 이들도 있다. 슬라데크 부부의 아들 둘도 합류했는데, 지금은 조합원들의 찬성을 얻어 책임자로 일하고 있다.

큰아들 세바스찬 슬라데크Sebastian Sladek 씨는 고고학을 공부하고 대학에서 일하다가 2008년 쇠나우전력회사에 입사했다. 지금은 영업을 담당하는 쇠나우판매회사EWS Vertriebs GmbH 공동 대표와 쇠나우직접판매회사EWS Direkt GmbH 대표를 맡고 있다.

"우리 회사는 정치적인 지향이 분명한 회사라고 생각합니다. 전기를 그저 파는 것이 아니라 사회에 공헌해야 한다는 의식이 있거든요. 체르노빌에서 사고가 일어났을 때 저는 아홉 살이었어요. 저희 남매들은 부모님이 하시는 활동을 줄곧 보고 자랐죠. 옳은 일을 하고 있구나 싶었어요. 그러고 보면 아이들은 부모를 보고 자라는 건가 봅니다."

그는 자신도 그러한 사람이 되었다며 흡족해한다.

두 살 터울인 차남 알렉산더Alexander 씨는 대학에서 사회학과 철학을 배웠고 2011년에 입사했다. 지금은 쇠나우판매회사 공동 대표를 맡고 있다.

쇠나우전력회사 대표, 마르틴 할름 씨는 가장 오래된 사원이다. 쇠나우전력회사의 첫 유급 사원이기도 하다. 할름 씨는 1997년 4월에 입사했고 2012년 4월 1일로 마침 15년이 되었다. 그 전에는 200킬로미터나 떨어진 다른 시의 전력 회사에서 3년 동안 송전선 정비 같은 전력 기술을 두루 익혀 왔다. 그러다가 1996년에 친구한테서 "쇠나우 사람들을 한번 만나 보지 않을래?" 하는 전화를 받게 되었다. 입사하고서는 고객 서비스나 전력을 마련하는 일을 도맡아 그야말로 시행착오를 거듭했다. 그때는 아직 전력 시장이 자유화되기 전이라 그는 "설마 전국으로 뻗어 나가는 이렇게 큰 회사가 될 줄은 생각지도 못했다."고 한다.

지금은 회사를 총괄하면서 다른 회사와 교섭하는 일을 담당한다. 회사의 미래를 두고 5년이나 10년 단위로 쪼개어 고민하고 있다.

"독일은 정말 탈핵으로 가는 것일까? 10년이나 20년 뒤에 핵발전이 사라진다면 그때는 어느 전력 회사나 엇비슷한 수준이 되는 게 아닐까? 탈핵 운동 다음에는 뭘 해야 하지?"
미래 에너지는 어떤 모습일지 여러모로 살피고 있다.

원칙에 기대어 내일을 준비하다

이와 같은 활동 외에도 쇠나우전력회사는 아래와 같은 세 가지를 큰 기둥으로 삼고 일한다. 이것으로 회사의 이념을 한층 더 구체화할 수 있다.

1. 송전선을 사들인다 나중을 내다보고 가까운 송전선을 더 사

들이려고 한다. 언젠가 핵발전이 사라지고 독일에서 공급되는 전력이 100퍼센트 재생에너지가 되면 어느 전력 회사에서 사더라도 값은 같아진다. 쇠나우전력회사가 이상적으로 여기는 것은 지역마다 바람이나 햇빛, 지열, 물 따위를 활용해 지리에 맞게 발전을 하고 그 지역에서 그 전력을 소비하는 것이다. 에너지 지역 생산과 에너지 지역 소비가 실현되면 송전으로 전력이 낭비되는 일이 사라진다. 그렇게 되면 쇠나우전력회사에서 전력을 사는 사람이 줄어들 수도 있다.

송전선을 사 두면 다른 회사가 그 송전선을 이용할 때 내는 사용료가 수입이 된다. 그러기 위해서는 지자체와 전력 공급 계약을 맺고, 그 지자체의 송전선을 사들여야 한다. 가스 배관도 마찬가지다. 훗날을 내다보고 전력이나 가스 판매량이 줄어도 수입이 확보되도록 송전선이나 가스 배관 매입을 추진하고 있다.

전력이나 가스 공급자는 각 지자체와 에너지 회사가 계약을 맺어 정한다. 기간은 법이 정한 대로 20년이고, 계약이 끝나기 몇 년 전에 전국에 알리게 된다. 원하는 회사는 어디나 신청할 수 있다. 어떻게 운영하겠다는 생각을 분명히 제시하고, 그동안 전력 회사로서 꾸려 온 사업 내용, 고객 수, 정전 시간 따위를 자세히 밝힌다. 그것을 바탕으로 지자체 의회가 결정한다. 공급사로 결정이 되면 지금 그곳에 전력 공급을 하는 회사와 송전선 가격을 협상하게 된다. 기술적인 이행 준비도 필요해진다.

2011년 11월 쇠나우 시와 쇠나우전력회사가 송전선 계약을 갱신했다. 그때 여태껏 공급을 맡지 않았던 시내 일부 송전선을 더 사들일 수 있었다. 그곳은 사업체가 많은 구역이라 전력 수요가 크다. 쇠나우전력회사의 대표 마르틴 할름 씨는 본디 전기 기술자이지만 이러한 교섭에도 능하다. 그이가 회사의 이념을 뼈와 살로 삼은 결과가 아닌가 싶다.

2. 독자적으로 발전소를 건설한다 독일에서 탈핵을 실현하기 위해서는 재생에너지가 더 늘어나야 한다. 쇠나우전력회사는 라우텐바흐Lautenbach에서 장애인과 비장애인이 함께 일을 하며 생활하는 한 시설에도 햇빛발전기를 설치했다. 또 독일 동쪽 지역에도 햇빛발전기를 설치하려는 계획을 진행하고 있다. 대개 입에서 입으로 알려진 결과다. 소문을 듣고 찾아온 이들과 서로 잘 의논해서 투자를 결정하는 것이다.

풍력이나 수력발전도 곳곳에 투자하고 있다. 재생에너지는 결함이 적고 확실히 이익이 나는 투자라 조합원들도 찬성이다. 앞으로도 조합원을 늘려 시민 참가형 발전소를 건설할 예정이다. 하지만 모든 곳에 자신들만 투자하는 것이 아니라 함께할 상대를 구하고 서로 도와 가며 추진한다. 특히 풍력발전소를 세우거나 낡은 수력발전소를 손보는 일은 지자체나 주민들이 짝꿍이 된다. 현재 쇠나우 시에서 남서쪽으로 10킬로미터쯤 떨어진 츠엘Zell, 헤그에어스베르크Häg-Ehrsberg, 클라이네스 비젠탈Kleines Wiesental 지역에서 풍력 공원 건설이 추진되고 있다 지자체 의회가 2012년 3월에 찬성했고 참여할 시민들을 모집해 5기에서 10기에 이르는 풍력발전장치를 설치할 계획이다.

후쿠시마 핵발전소 사고는 거대 전력 회사가 집중적으로 전력을 공급할 때 막상 무슨 일이 생기면 사회 전체가 위협을 받게 된다는 것을 여실히 보여 주었다. 아울러 독점자본에 전력 공급을 내맡기다시피 하고 있는 정부도 위기관리 능력이 없다는 것이 분명하게 드러났다. 사람이 살아 나가는 데 가장 근본적인 문제가 되는 에너지를 오로지 이익만을 좇는 기업에 내맡겨서 되는 일일까.

거대 기업에 쏠린 에너지 시장 구조를 바꾸기 위해서는 시민들이 나서 작은 시설을 곳곳에 만드는 게 중요하다. 시민들이 발전에 적극 관여하게 되면 에너지 소비를 바라보는 눈도 달라질 것이다. 바람이나 햇빛, 지열, 물처럼 그 지역에 있는 자연 자원을 살린 시설을 세우게 되면 환경에 미치는 부담도 적어지고, 송전 과정에서 낭비되는 전력도 최소한으로 줄일 수 있다. 마을에서 필요한 에너지는 각 마을이 생산하고 쓰는 것이야말로 쇠나우전력회사가 가장 바라는 내일의 모습이다. 이렇듯 분산형의 규모가 작은 자연에너지라야 고장이나 사고가 났을 때도 큰 영향이 없다. 저마다 다른 자원으로 발전하다 보니 상황에 맞게 서로 보완할 수 있어서 더 좋다.

3. 탈핵 운동을 지원한다 탈핵은 시민들의 의사 표시가 꼭 필요하다. 이 책에 부록으로 실어 둔 《핵발전을 반대하는 합당한 이유 100가지》는 탈핵 운동에 도움이 될 것이다. 2011년에는 후쿠시마 핵발전소 사고를 계기로 일본어판을, 미국에서 골드만 환경상을 받게 되자 오바마 대통령에게 선물하기 위해 영어판을 만들었다. 핵발전소를 건설하려고 한창 계획을 세우고 있는 폴란드나 핀란드에서도 문의가 왔다. 여러 나라 사람들이 번역해서 탈핵 운동에 써 주기를 바라고 있다. 누구든 어느 나라 말이건 번역할 수 있다. 출처가 쇠나우전력회사라는 것만 밝히면 된다. 저작권 사용료는 필요 없다. 진실을 인식하는 것이 탈핵 운동의 첫걸음이 되는 만큼 더 많은 사람들이 읽을 수 있었으면 한다.

각 지역의 탈핵 시위에도 참여한다. 요청이 오면 가서 인사도 한다. 재생에너지만으로 전력을 공급하려 하는 회사의 이야기라 설득력이 있다. 탈핵이나 시민들이 주도하는 전력 공급을 주제로 강연회도 연다. 이렇듯 더 많은 이들의 관심을 끌어내고자 애쓴다.

리히트브리크와 폭스바겐의 합작품, 가정 발전소

독일 자동차 업계 1위인 폭스바겐과 자연에너지를 공급하는 리히트브리크가 함께하는 '가정 발전소Zuhause-Kraftwerk'가 눈길을 끈다. 폭스바겐의 고연비 자동차용 엔진 '에코블루EcoBlue'를 단독주택이나 아파트 지하실에 두고 열과 전기를 마련하는 것이다. 2010년 가을부터 실용화되어 2012년에 약 450기가 설치되었다. 분산형이라 융통성 있게 발전할 수 있고 무엇보다 값이 싸고 에너지 효율이 높다.

에코블루는 폭스바겐의 자동차 캐디Caddy와 투란Touran에 장착되고 있다. 이 엔진을 써서 열병합발전과 같은 구조로 천연가스를 이용해 발전하면서 동시에 발생한 열을 급탕이나 난방에 쓴다. 높이가 1.75미터, 폭이 1.18미터, 깊이 0.84미터로 그리 크지 않으며 폭스바겐이 만들고 리히트브리크가 관리한다.

전기와 열을 둘 다 이용하기 때문에 에너지 효율은 90퍼센트로 높다. 이산화탄소 배출량도 60퍼센트나 줄어 환경 부담이 적다. 장차 바이오가스를 사용하는 것도 가능해 환경에 부담을 지우지 않으면서 에너지를 공급할 수 있다.

가정 발전소 본체는 리히트브리크 소유다. 열 이용 계약을 리히트브리크와 맺게 되는데 계약 기간은 최저 10년부터이다. 가정집 지하실에 설치하자면 난방설비를 새로 들여야 해 5천 유로(780만 원) 가량을 부담해야 한다. 달마다 기본요금 20유로(31,212원)와 사용료도 내야 한다. 쓴 만큼 가스비도 든다. 하지만 지하실 임대료로 5유로(7,803원)가 돌아오고 가스 값도 할인된다. 낡은 난방설비에 비해 80퍼센트, 새로운 설비보다는 20퍼센트나 난방비를 줄일 수 있다고 한다. 설비 관리며 수리 따위는 모두 리히트브리크가 맡는다. 품이 들지 않아서 좋다. 열은 집에서 물을 데우거나 난방을 하는 데 쓰지만 전력은 리히트브리크 소유라 공공 전선으로 보내게 된다. 집에서 쓸 전기는 어디서 사든 상관없다.

이 설비를 설치하기 위해서는 아무리 못 해도 1년에 난방이나 급탕에 가스 4만 5천 킬로와트시나 등유 5천 리터를 쓰는 건물이어야 한다. 열을 적게 쓰면 효율이 낮아지기 때문이다. 아주 큰 단독주택이나 다세대주택, 여러 세대가 사는 아파트, 소규모 사무실 같은 곳에 적당하다.

리히트브리크는 나아가 각지의 가정 발전소를 이어 재생에너지의 보조 전력으로 이용하고자 한다. 풍력이나 햇빛으로 발전이 어려운 날씨라면 원격 조작으로 가정 발전소를 가동시켜 발전하는 것이다. 필요에 따라 유연하게 대응할 수 있고 자연에너지를 보완할 수도 있다. 10만 대 설치가 목표다. 나아가서는 핵발전소 2기 몫을 맡을 계획이다. 에너지 전환에 공헌하는 기술로서 크게 홍보하고 있다. ■

10만 기를 설치하겠다는 당초 목표와 달리 리히트브리크는 2014년 6월까지 가정발전소 1,500기가량을 배급했다. 결국 두 회사의 협력 관계는 끝을 맺는다. 폭스바겐은 새로운 가정발전소 배급 파트너로 세너텍SenerTec을 선택해, 이 사업을 이어 가고 있다.

탈핵은
시민의 힘으로

우르술라 슬라데크 씨와 나눈 대화

: 2012년 1월 30일 다구치 리호 씨가 쇠나우를 찾아 나눈 이야기를 정리했다.

일본에서도 재생에너지 고정 가격 매입 제도가 2012년 여름부터 시행되어 시민들 힘으로 발전을 하려는 움직임이 일어나기 시작했습니다. 시민운동에서 시작해 전력 회사를 만들고 15년 전부터는 자연에너지를 공급하고 있는 쇠나우전력회사의 예는 여러 나라의 뜻있는 이들에게 크게 참고가 되겠죠. 먼저 회사를 만드는 데 가장 중요했던 점부터 얘기해 주십시오. 전력을 어디에서 마련하고 계십니까?

현재 우리 회사는 노르웨이의 수력발전소가 생산한 전력을 많이 씁니다. 자연에너지는 스위스나 오스트리아의 수력으로 만든 것을 쓰는 회사가 많을 거예요. 독일의 수력발전소는 큰 전력 회사들이 거의 갖고 있어요. 그런 회사들은 대개 발전을 하면서 소매도 하죠. 그러니까 '생태적'인 수력발전 전력은 소비자한테만 팔지 다른 회사에는 안 팔아요. 그러니까 아무래도 외국에서 사들일 수밖에 없습니다.

근데 재생에너지라도 어느 회사 거나 상관없는 건 아니에요. 그 회사의 신념을 중요하게 여기죠. 핵발전과 관련된 회사나 자회사, 화력 발전을 하는 회사에서 전력을 사들이진 않아요. 우리가 낸 돈이 돌고 돌아 화력이나 핵발전으로 들어가면 안 되니까요. 이건 절대 안 돼요. 화력이나 핵발전하고는 전혀 얽히지 않은 발전소 전력을 사도록 하고 있어요.

그것도 될 수 있는 한 새롭게 들어선 시설에서 사려고 합니다. 다른 회사들과 경쟁해 가면서 이미 있는 시설에서 전기를 산다는 건 무의미하잖아요. 새로운 발전원이 생겨나야 재생에너지가 늘어났다고 할 수 있으니까요. 2012년 외코테스트 결과를 보면 아실 거예요. 우리 회사가 자연에너지 전력 회사 부문에서 1등으로 뽑혔어요.

우리 회사는 고객이 태양광 패널을 얹거나 열병합발전 같은 재생에너지 발전 장치를 새롭게 설치할 때는 햇빛 동전으로 지원하고 그 시설에서 만든 전기를 사들입니다. 물론, 회사도 햇빛발전이나 열병합발전, 풍력발전에 투자를 하죠. 지역 주민들과 힘을 모아 설치할 장소를 정하기도 하구요.

독일 환경부는 유럽연합 방침에 맞춰 2012년 하반기부터 '에너지원 증명서Guarantee of Origin, GO' 등록 제도를 도입했어요. 증명서가 없는 회사 전기는 진짜배기 재생에너지라고 말할 수 없죠. 우리 회사는 벌써부터 증명서를 내걸고 생태적 전기가 틀림없다는 걸 증명해 왔지만 그렇지 않은 회사도 있어요. 이걸 증명할 필요가 없다면, 재생에너지를 어디서 소금만 사들인 다음, 그걸 가지고 자기네 회사가 파는 모든 전력이 마치 생태적인 것처럼 주장할 수도 있으니까요. 이 제도가 도입된 덕분에 이런 부정을 막게 됐어요. 대환영이죠.

시민운동을 시작한 분들은 전력 업계하고는 전혀 인연이 없는 분들이라고 들었습니다. 회사를 운영하는 법은 어디서 터득하셨습니까?

26년 전에 체르노빌 사고가 났을 때만 해도 핵발전이나 환경에 대해선 아는 게 없었어요. 그러니까 온 힘을 다해 파고들었죠. 지금도 다 아는 건 아니에요. 새로운 걸 늘 배우면서 하는 상태입니다. 저는 본래 초등학교 교사라 전력이나 환경 문제에 특별히 관심을 두지는 않았어요. 필요할 때마다 배워 나간 거죠. 그게 뭐든,

열심히 달라붙으면 재미가 나긴 해요.

자연에너지를 추진하면서, 더 나아가 시민들을 참여시키고자 애쓰는 기업은 달리 찾을 수가 없습니다. 업계에서 앞장서 나아가는 기업으로서 여러 모로 도움을 청하는 곳들이 있지 않나요?

전력을 공급하고 싶은 단체나 탈핵 운동가들처럼 여러 분야의 사람들이 문을 두드립니다. 방법이나 절차 따위를 알려 주기는 하지만 모든 걸 도울 수 있는 건 아니지요. 멀리 떨어진 곳은 자주 찾아가는 것도 어렵구요. 하지만 여러 해 이 분야에서 일하다 보니 나름으로 관계망이 생겼어요. 누가 어떤 도움을 바라고 있는지 알아보고 적절한 사람이나 단체를 소개할 수는 있어요. 또 다른 전력 회사들의 전력 공급을 돕는 서비스도 이제 시작하려고 합니다.

물론 해외의 탈핵 운동도 응원하고 있어요. 후쿠시마에서 핵발전소 사고가 난 뒤에는 《핵발전을 반대하는 합당한 이유 100가지》 일본어판을 만들었어요. 온라인에서 무료로 공개하고 있는데, 벌써 2만 5천 번 넘게 내려받기 되었더군요. 폴란드어판도 나왔구요. 핀란드에서는 에온이 자연보호지역에 핵발전소를 건설하려고 해서, 핀란드어로 번역하려는 움직임이 있어요. 우리는 이 책을 무료로 제공하고 있구요. 어떤 언어로 번역해도 괜찮습니다. '핵발전이 없는 사회'를 실현하는 게 우리 목표니까요. 탈핵 운동의 열쇠가 되는 건, 그 지역 주민들의 움직임이에요.

사원 3명으로 시작했다고 들었는데 지금은 아주 큰 회사가 됐습니다. 앞으로 과제가 뭘까요?

회사를 바르게 발전시켜 나가야 한다고 생각해요. 2012년 매출은 1,900만 유로(296억 5천만 원)이고 사원은 70명 남짓 됩니다. 회사가 커지거나 발전하는 건 결코 잘못된 일이 아니에요. 고객이 1,700밖에 안 되던 초기와 견주면 13만인 오늘은 주변 사람들 생각이나 정치인들 대응도 달라지죠.

하지만 회사가 내거는 방침에는 올바른 쪽과 틀린 쪽이 있기 마련이거든요. 잘못된 방향으로 가지 않도록 조심해야죠. 그러기 위해선 늘 노력하는 게 꼭 필요해요. 목표를 정하고 옳다는 확신이 들면, 거기에 머무르는 겁니다.

사원들 중에도 다양한 사람이 있어요. 구상이나 계획에 공감하는 이도 있고, 그저 생활비를 벌어야 해서 온 사람도 있죠. 마음과 생각을 함께 나눌 수 있는 젊은이를 찾고 있는데 그게 힘듭니다. 우리 회사는 오니 회사가 아닌데 다행스럽게도 우리 아들 둘이 입사했어요. 그 애들은 체르노빌 사고가 일어났을 때 아홉 살, 일곱 살이었거든요. 우리 부부가 핵발전이 없는 사회를 요구하고 활동하는 걸 보고 자랐으니까 우리의 신념을 잘 이해하고 있어요.

민주주의라는 게 4년에 한 번씩 투표하고, 그 다음 일은 정치인들한테 내맡겨 버리는 게 아니잖아요. 시민 한 사람 한 사람이 함께하는 거죠. 시민들도 책임을 지는 게 민주주의라고 생각합니다. 이건 회사도 같아요. 아주 뛰어난 경영자가 훌륭한 회사를 만드는 게 아니에요. 사원들 한 사람 한 사람이 책임감을 갖고 달라붙을 때 훌륭한 회사를 만들 수 있죠.

우리 회사는 쇠나우에서 가장 사원 수가 많고 법인세 납부액으로는 둘째가는 기업입니다. 다른 회사는 인원을 줄이는데 우리는 사원을 늘리고 있어요. 2011년에는 새로 20명을 뽑았어요. 여태 컴퓨터 관련 업무나 요금 청구서를 발송하는 업무는 다른 전력 회사의 도움을 받아 왔는데 그 계약이 끝나게 되었거든요. 그래서 이참에 2011년 11월부터 컴퓨터 설비를 우리가 갖춰 나가기로 했죠. 앞으로는 바깥의 도움 없이 일을 해 나가는, 더 독립적인 회사가 될 겁니다.

회사는 협동조합 형태로 조합원이 출자해 운영하고 있어요. 2012년 현재 조합원은 1,830명이에요. 이곳 쇠나우와 주변 지역

2009년 쇠나우전력회사는 시민들의 참여를 늘려 에너지 전환에 더욱 힘을 싣기 위해 협동조합으로 전환한다. 2018년 현재 바덴뷔르템베르크 주에서 가장 큰 에너지 협동조합으로 조합원이 5,500명이 넘는다. 100유로(13만 원)짜리 주식 5주를 사면, 조합원이 될 수 있다.

사람들이 중심이지만 누구든 참여할 수 있어서 독일 전역에 출자자가 있어요. 2011년 겨울엔 사원들한테도 수당으로 조합권을 지급했어요.▪

회사에 수익이 나면 사원들도 배당을 받죠. 사원들도 자신이 이 회사의 일부다, 함께 회사를 운영하고 있다는 마음을 품어 주었으면 하고 바라고 있어요.

조합원은 누구든 될 수 있고 누리집에서 신청할 수 있어요. 다만 신청자를 받아들일지 어떨지는 우리들이 결정합니다. 가령, 에온 사원이 신청한다면 죄송하지만 받아들일 수 없다고 물릴 거예요.(웃음)

처음엔 자금을 모으는 게 힘드셨다고 들었습니다. 게엘에스 은행이 지원해 준 계기는 무엇입니까?

아는 사람이 다리를 놓아, 게엘에스 은행이 우리를 찾아와 줬어요. 덕분에 전국에서 기금이란 형태로 출자를 받을 수 있게 됐죠. 이 은행엔 훌륭한 기획자가 있어요. 그이가 기부금을 모으거나 하는 여러 일에 도움을 많이 줬어요. 자금을 끌어모을 땐 작은 기부도 중요하지만 큰 기부도 필요합니다. 후쿠시마를 되살리는 일에도 부자들의 지원이 필요하잖아요? 돈이 있는 사람을 찾아내고 그 사람을 설득해서 기부를 받는 것도 하나의 방법이에요. 사회적 기업을 지원하는 비영리 조직도 있으니까 그런 데서 도움을 받을 수도 있죠.

시민운동을 하는 데 중요한 건 뭐라고 생각하세요?

변화를 불러일으키기 위해서는 "모든 사람이 필요!"해요. 정당을 뛰어넘어 모두가 참여하는 게 중요합니다. 한 사람 한 사람이 다 중요하다는 얘기입니다. 모든 이들의 힘을 빌리는 일입니다.

사람은 저마다 다 달라요. 사람을 변화시키고자 할 때는 먼저 그 사람의 처지에서 바라보는 게 필요하죠. 그 사람을 통째로 받아들이는 겁니다. 일을 잘 못하는 사람은 못하는 대로 괜찮아요. 우리 이사 중에도 2002년부터 2009년까지 활동을 거의 안 한 분이 있는데 다시 돌아왔어요. 지금은 아주 열심히 일하세요. 고마운 일이죠.

주제 하나에 집중하는 것도 중요해요. 중요한 주제는 몇 가지가 있지만 모든 걸 다 할 수 있는 건 아니니까요. 꼭 해야 하는 일을 골라야 합니다. 사람이니까 할 수 있는 것하고 못 하는 것이 있죠.

잘하는 것하고 잘 못하는 것도 있구요. 삶이 즐겁다고 느껴야죠. 즐겁지 않은 세계는 유지할 필요가 없어요.

본래 저는 무슨 일이든 솔선해서 하는 사람이 아니에요. 적극성이 없는 사람이었어요. 그런데 공적인 마당에서 회사를 대표해 발언해야 할 일이 생겼는데 할 사람이 없었거든요. 그래서 마지못해 나선 게 시작이 됐네요. 그러다 어느새 그게 내 몫이 돼 버린 거에요. 한 번 언론에 나갔더니만 그게 쇠나우 사람들의 활동을 대표하는 얼굴처럼 돼 버렸어요. 그래서 자꾸 불려 나가게 되었죠. 처음에는 너무 긴장한 나머지 원고대로 읽는 것도 겨우 했어요. 그러던 게 조금씩 나아져서 이제 몸에 밴 거예요. 2011년 4월에 미국에서 골드만 환경상 수상식이 열렸는데 수상자마다 2분씩 얘기할 시간이 차려졌거든요. 영어라 원고를 준비했는데 3천 명 앞에서도 긴장하지 않고 해낼 수 있었어요. 사람이란 게 정말 이렇게 변하는 건가 봐요.

처음엔 우리들 사이에서도 "우르슐라, 너만 주목을 받는구나." 하는 얘기가 나왔어요. 저는 눈에 띄는 게 좋아서 전면에 모습을 드러내는 게 아닌데요. 그래서 제가 그렇게 지적하는 이더러 "그렇다면 체르노빌에서 피폭한 아이들을 돕는 일을 맡아 줘요." 했죠. 하지만 그이는 그런 일은 하고 싶지 않대요. 아이들을 지원하는 일은 즐거운 일인데요. 고맙다는 인사도 받구요. 아이들이 씩씩해지는 모습을 보는 건 참 좋죠. 하지만 그런 일은 원치 않았나 봐요. 이런 사람은 어째야 하죠? 어쩌지를 못하죠? 그저 그런 사람이구나 하고 받아들일 수밖에요.

지금 일본에서는 체르노빌이랑 같은 문제가 논의되고 있겠네요. 뭐가 옳고 옳지 않은가? 어떻게 행동해야 하는가? 자신을 바꾸고 발전시키는 일에서는 그 기회나 출발점이 사람마다 모두 달라요. 제가 '핵발전이 없는 사회'를 강하게 바라게 된 밑바닥에는 체르노빌 사고가 있었어요. 저한텐 체르노

'핵 없는 미래를 위한 부모들'은 송전선 매입 운동을 벌이면서 운동의 출발점이 된 체르노빌 핵발전소 사고 피폭자들을 꾸준히 지원했다.

1993년 여름, 체르노빌에서 100킬로미터 떨어진 키예프Kiev 시에서 백혈병을 앓는 아이들 20명이 찾아왔다. '기독교 행동 인간과 환경Christliche Aktion Mensch und Umwelt, CAMU'이라는 단체가 이를 도왔다. 아이들은 3주 동안 방사능이 없는 쇠나우에서 요양했다. 비록 짧은 기간이지만 방사능이 없는 데서 지내는 것은 아이들 건강에 좋은 영향을 미친다. 체르노빌 아이들은 맑은 공기와 안심할 수 있는 먹을거리에 둘러싸여, '부모들' 모임 엄마들의 보살핌을 받으며 편안하고 느긋하게 지내다가 돌아갔다.

이듬해부터 '부모들'은 장터를 열어 번 돈과 후원금을 모아 수천 마르크를 키예프 아이들에게 부쳤다. 수십 년이 지난 지금까지도 이들은 피폭으로 괴로움을 겪는 젊은이나 어린이들을 돕고 있다.

빌 사고가 시작이었어요. 후쿠시마 사고가 계기가 된 사람도 있겠죠. 다른 이들에겐 또 다른 어떤 경험이 출발점이 될지 알 수 없어요. 그건 사람마다 다 달라요. 자신의 의식을 변화시킬 때까지는

시간이 필요하고 그 시간도 사람마다 다 다르지요. 그러니까 그 사람을 그대로, 통째로 받아들이는 게 중요해요.

체르노빌 사고 이후로 곳곳에서 탈핵 운동이 일어났습니다. 그런데 대부분 흐지부지 식어 버렸어요. 쇠나우의 운동은 왜 성공했을까요?

애초부터 미래를 내다보며 구상을 뚜렷이 한 덕분이죠. "모든 핵발전을 그만두고 100퍼센트 재생에너지로 바꾼다."는 구상이요.

이 구상은 너무 거대해서 실현까지 시간도 엄청 걸렸을 뿐더러 무척 험난했죠. 무력감으로 주저앉을 뻔하기도 했구요. 하지만 이 커다란 목표를 잘게 나눈 다음 하나씩 하나씩 달라붙어 풀어 나 갔더니 훨씬 쉬워졌어요. 이를테면 에너지 절약을 홍보할 때는 에 너지 경연 대회를 연다든가 하는 식으로요. 이건 알기 쉽잖아요. 또 누구든지 참가할 수 있고 실생활에 딱 들어맞는 일이구요.

시민운동을 하다 보면 논쟁이 오가거나 서로 싸울 때도 있어 요. 남자들은 큰소리를 지르고요. 하지만 여자들이 있으니까 전 체적으로 균형이 잡혀서 괜찮아요. 물론 여자들 중에도 헐뜯는 걸 좋아하는 사람이 있기는 해요. 그래서 제가 맡은 주된 일이 바 로 중간자죠. 말하자면 구성원들 사이에서 완충재 노릇을 하는 거예요. 이 역할이 아주 중요했어요. 이런 식으로 오늘까지 이른 겁니다. 지금 이렇게 활동하고 있는 것도 그 역할이 필요하기 때문입니다. 처음에는 뜻을 같이하는 10명 가까이가 시작했어요. 기의가 서로 모르는 사이였죠. 도중에 그만둔 사람도 있고 반대로 새롭게 들어온 사람도 있구요. 활동하면서 다들 진정한 벗이 됐어요.

하고자 하는 일을 이해하고 함께해 나가기 위해서는 그 사람한테 딱 맞는 일을 주고 이끌어 가는 게 중요해요. 모두가 다 기술적인 것을 알고 싶어 하는 건 아니니까요. 가까운 친구가 있는데 핵발전이나 에너지 절약 얘기를 여러 차례 해 봐도 그때마다 영 미적지근했거든요. 그런데 하루는 그이가 "카바레트라면 할 수 있을 것 같아." 하잖아요. 풍자극, 참 좋죠. 그래서 맡아서 하도록 했어요. 그 친구가 스스로 사람들을 모아 에너지 절약을 다룬 연극을 올렸는데, 세상에, 반응이 얼마나 좋았다구요. 핵발전이나 에너지 절약에 별생각이 없던 사람들이 풍자극을 보고 관심을 갖게 됐으니까요. 좋은 계기를 열어 준 거죠.

"어깨에 힘을 빼고 편안한 기분으로" 얼굴이나 좀 내밀어 볼까 하는 구경꾼처럼 와 주었으면 해요. 처음부터 너무 진지하게 달라붙지 않는 게 좋아요. 한번은, '부엌 세계의 왕'을 뽑겠다며 환경에 관한 퀴즈 대회를 열었죠. 곰곰이 생각해 보면 누가 부엌의 왕인지 그걸 판단하기란 어려워요. 아주 엄격히 따지는 사람들은 어떤 요리가 얼마나 에너지를 아끼는지 정확히 알 수 없다고 하겠죠. 하지만 그걸로 되는 거예요. 100퍼센트 완벽하지 않아도 괜찮아요. 삶 속에서 절약의 기쁨을 느끼게 하는 게 중요하니까요.

또 지역 매체들을 끌어들이는 것도 중요해요. 한번은, '별난 사람들이 색다른 일을 하고 있구나!' 하고 주시하고 있는 기자들을 축하 행사에 초대했어요. 그랬더니 한 기자가 "쇠나우 시민 단체 회원들은 어디에나 있는 보통 사람들. 식사를 즐기고 있었다." 그렇게 기사를 썼더라구요. 모임에 와 보기 전까지는 절약을 고집하는 꽉 막힌 사람들이라고 여기고 있었나 봐요.

운동을 오래 계속할 수 있는 비결은 단계를 설정하고 그 단계마다 목표를 뚜렷이 하는 거예요. 일이 잘되면 다 함께 기뻐하고 축하해요. 그리고 다음 단계로 넘어가죠. 그렇게 되풀이하는 거예요. 이게 즐겁게 활동하기 위한 중요한 요건이 돼요. 그리고 일마다 그 일을 맡을 수 있는 다양한 사람들을 끌어들이죠.

주민 투표 때는 '고향의 저녁'이란 행사를 기획했는데, 연세가 일흔, 일흔다섯인 어르신들이 남포등을 들고 음악에 맞춰 노래했거든요. 끝내줬어요. 아주 볼만했죠. 많은 사람들이 이런저런 형태로 참여해 준 겁니다.

돌이켜 보니 뜻깊은 26년이었구나 싶어요. 쇠나우의 활동이 탈핵 운동의 상징이 되어 버렸으니까요. 성공해서 진짜 좋았어요. 그렇지 않았다면 여러 사람들로부터 받은 도움이며 경제적인 지원에 보답할 수 없었을 거예요. 저마다 지닌 목표도 실현 못 했겠죠.

"검은 숲에 사는 사람들은 아주 특별한 사람들일까요? 어떻게 하면 이런 활동이 가능한 걸까요?" 그런 질문을 자주 받습니다. 그런데 저도 모르겠네요. 여기도 다른 지방들처럼 보수가 힘이 세거든요. 환경 문제에 특별히 관심이 높은 것도 아니구요. 하지만 사람들은 우리를 믿고 용기를 내라고 밀어줬어요. 처음엔 하여튼 무턱대고 정신없이 움직이느라 몰랐는데, 이제야 겨우 알아챘거든요. 사람들이 우릴 믿고 미래를 맡겨 주었다는 걸요. 정말 자긍심 솟는 일이죠.

에너지를 공급하는 일에 어째서 시민들 참여를 권하는 것인지요. 까다롭지 않나요?

이렇게 하는 게 즐거우니까요. 아니, 당연히 그래야 하니까요. 물론 까다롭고 복잡한 부분도 있겠죠. 하지만 에너지는 모든 인류가 알아야 하는 아주 중요한 문제 가운데 하나입니다. 그러니까 시민들이 참여하는 게 가장 올바른 모습인 거죠. 되도록 처음부터 참여하는 게 좋습니다. 쇠나우전력회사는 시민 기업인 데다가 협동조합으로 운영되고 있어서 누구든 참여할 수 있죠. 한몫에 얼마, 이렇게 출자금을 정하고 한몫만 산 사람도 백 몫을 산 사람도 고루고루 평등하게 한 표를 던지는 거예요.

쇠나우만이 아니라 다른 지역에서도 지자체나 시민들이 전력을 공급해야 한다고 생각합니다. 100퍼센트 재생에너지로 하려면 작은 일들을 하나씩 이루고 그 성과를 차곡차곡 쌓아 가는 게 중요해요. 산업혁명에 필적할 만치 획기적인 일이죠. 바람, 물, 햇빛처럼 쓸 수 있는 걸 몽땅 활용하는 거예요. 열병합발전은 어디서나 쓸 수 있어요.

전력을 누가 만들어 주는 게 아니라 스스로 만들어 쓰는 거니까 전력이 가장 많이 필요할 때도 그에 맞춰 대처할 수 있어요. 이렇게 하면 밖에서 사들일 때처럼 남들 발전 사정에 휘둘리지 않아요. 지역 분산형으로 생산하면 대형 송전망은 필요 없게 되죠. 송전할 때 생기는 전력 손실도 막을 수 있습니다. 이 계획을 구체적으로 실행하기 위해서 대학교와 공동 연구를 한창 진행 중이에요.

후쿠시마 사고는 큰 전력 회사에 전력 공급이 몰리면 막상 문제가 터졌을 때 전 사회가 위기에 처할 수 있다는 것을 말해 줬어요. 에너지는 민주주의입니다. '어떻게 살려고 하는가?', '우리 사회는 어디로 나아가야 하는가?' 하는 문제와 밀접하게 얽혀 있어요. 거대 전력원 하나에 의존하는 시장 구조를 바꾸자면 시민들이 참여해 작은 설비를 곳곳에 만들어야죠. 사회를 바꾸기 위해서는 시간이 걸려요. 길은 멀지만 걸어가는 과정이 중요합니다.

큰 송전망을 세우려고 하면 송전선이 지나가는 지역들이 반드시 반대하죠. 주민들이 반대하면 계획이 진척될 수 없어요. 그러니까 처음부터 제대로 알리고 시민들이 참여하게 하면 좋지요. 함께 생각하고, 함께 세우고, 함께 덕을 보는 겁니다. 전력 공급을 우리 손아귀로 돌린다는 건 바깥에 기대는 일을 그만둔다는 것이고, 나아가 바깥에서 오는 위협에서 벗어난다는 뜻이죠. 삶을 스스로가 결정한다는 의미입니다.

1998년에 전력 시장이 자유화되기 전에는 지자체와 민간 부문이 공동으로 출자한 '제3 섹터' 형식으로 전력공사가 전력을 공급하는 게 주류였어요. 자유화가 되면서 큰 회사에 흡수되거나 해서 다른 회사에 공급을 부탁하는 데가 도로 생겼지만 요즘 또다시 지자체가 공급하도록 하자는 움직임이 일어나고 있어요.

우리가 1997년에 공급을 시작했을 때는 자본금이 150만 마르크(8억 2,741만 원)였습니다. 그게 2012년에는 1천만 유로(156억 611만 원)에 이르고 있어요. 광고는 전혀 안 했는데도 이렇게 모였거든요. 자연에너지를 살 뿐 아니라 자연에너지 분야를 넓히고 싶다는, 자기네가 이상으로 삼는 에너지 시장을 만들고 싶다는 이들의 바람이 이 숫자에 함축되어 있습니다. 독일 전역에서도 시민들이 참여하는 전력 공급이 불가능하지 않다는 거죠.

체르노빌 사고랑 후쿠시마 사고를 알게 됐을 때 여러분들 마음은 어떠했나요? 같았을까요?

체르노빌은 유럽 안에서, 바로 우리 곁에서 일어난 처음이자 아주 큰 사고였습니다. 독일에서도 방사능이 검출됐고 지금도 야생 멧돼지나 버섯에서 계속 나오고 있죠. 얼마나 놀랐는지 몰라요. 아주 불안했구요. "기술력이 좀 처지는 러시아라 어쩔 수 없구나." 하는 소리도 나왔어요.

하지만 후쿠시마 때는 달랐어요. 금요일에 일본에서 지진과 해일이 일어났죠. 그리고 토요일에 후쿠시마 핵발전소 사고를 알게 됐어요. 그날, 그 토요일은 네카어베스트하임Neckarwestheim 핵발전소에서 45킬로미터 떨어진 도시, 슈투트가르트까지 '인간 띠 잇기'

시위가 있어 거기 가려고 마침 집을 나서려던 참이었어요. 후쿠시마 사고 소식을 듣고 "세상에!" 했죠. 분노가 가슴을 꽉 채웠어요. 일본은 선진국이고 기술 대국이잖아요. '그런 일본에서……' 하는 충격이 컸죠. 26년 전에 체르노빌에서 어떤 사고가 일어났는지 다들 알고 있을 텐데, 그럼에도 핵발전을 밀고 나가다가 결국 후쿠시마에서 사고를 냈다는 것에 분노했어요.

후쿠시마 사고가 일어났는데도 폴란드처럼 새롭게 핵발전소 건설을 추진하는 나라가 있잖아요. 또 프랑스는 핵발전으로 만든 전력이 전체 소비량의 80퍼센트를 차지합니다. 그 때문인지 탈핵 운동은 그다지 활발하지 않아요. 하지만 작은 반대 운동이 조금씩 일어나려 하고 있어요.

독일 현 정권은 2022년까지 탈핵하겠다고 결정했죠. 이 정책을 어떻게 보십니까?

기민당의 메르켈 총리는 물리학 박사죠. 핵발전에 대한 지식이 없는 건 아닐 거예요. 위험성을 알면서도 치명적인 사고는 일어나지 않을 거라고 생각했겠죠. 2010년 가을에 핵발전소 가동을 연장하겠다고 결정했을 때 반대 운동이 아주 크게 일어난 것도 알고 있어요. 그러니까 후쿠시마 사고 직후에 핵발전을 밀고 나가는 건 표를 잃는 일이라는 걸 알고는 어쩔 수 없이 방향을 튼 거죠. 하지만 탈핵이 위에서 저절로 이루어진 건 아니거든요. 시민들이 일으킨 탈핵 운동이라는 압력 덕분에 실현됐어요. 그런 의미에서는 시민들이 정치를 바꾼 셈이죠.

2011년 10월에 메르켈 총리는 그 이전 정권이 2000년에 결정한 탈핵 정책을 뒤집고 핵발전소 가동을 연장하기로 결정했습니다. 그런데 채 반 년이 지나지 않아서 후쿠시마 핵발전소 사고가 나자 가동 연장을 취소한 거예요. 그러니까 당내 핵발전 추진파들은 총리가 그렇게 변한 게 이해가 안 되죠. 반 년 전에 핵발전은 괜찮다고 한 사람이 갑자기 탈핵 결정을 내놓았으니까요. 후쿠시마 사고 이후에 일어난 탈핵 운동의 규모에 놀랐고 그게 큰 충격이 되지 않았을까요.

정부의 탈핵 결정에는 동의하지만 정부가 내놓은 실현 방법에는 의문이 듭니다. 정부는 2050년까지 전력의 80퍼센트를 재생에너지로 해결하겠다면서 그때까지 필요한 전력을 천연가스나 화력발전소를 새롭게 건설해서 생산한다고 해요. 그런데 화력발전소를 새로 짓는 건 시대를 거스르는 방안이죠.

독일에서 가장 큰 전력 회사 4곳이 핵발전으로 큰 이득을 얻었습니다. 탈핵이 결정됐으니 그 회사들은 핵을 대신할 간판을 새롭게 내세워야 되는 거죠. 그게 화력이나 풍력 따위 대형·집중형 발전소예요. 북해에 아주 큰 해상 풍력발전소를 건설 중인데 이런 건 큰 전력 회사나 할 수 있는 거죠. 집중형 발전입니다. 게다가 해상 풍력으로 발전한 전력을 사들이는 값은 육상 풍력의 2배예요. 해상은 대기업이나 할 수 있는 것이고 육상은 주로 시민 참여로 이뤄지는 점을 감안한다면 기업을 우선하는 정책입니다. 정부가 이끄는 탈핵은 분산형이 아니라 집중형 발전을 염두에 두고 있는 것이라, 이대로는 에너지 시장 구조가 바뀌지 않을 겁니다. 시장 구조가 달라지지 않는다면 2022년 탈핵은 힘들지 않을까요? 그리고 정부는 해상 풍력발전이나 지열발전에 연구비를 많이 내놓고 있는 형편이어서 육상 풍력발전이나 햇빛발전, 열병합발전을 지원할 돈은 적죠.

송전망도 제대로 갖추지 못하고 있습니다. 풍력 전기가 늘자 모처럼 생산한 전기를 송전선이 받아들이지 못하는 사태도 일어났어요.

경제부 장관이 "햇빛발전 전력은 너무 비싸다."며 매입 가격을 내리려는 것도 문제입니다. 막대한 보조금이나 핵폐기물을 처리하는 비용을 생각하면 핵발전으로 생산한 전기가 훨씬 비싸거든요. 재생에너지가 본격적으로 확대되려고 하는 이 중요한 시기에

스마트그리드는 각 발전소와 송전·배전 시설, 전력 소비자를 정보통신망으로 연결하고, 양방향으로 전력과 정보가 흐르게 해 소비자 참여로 설비가 운영될 수 있도록 하는 차세대 전력망이다. 전력 생산과 소비 정보를 실시간으로 서로 주고받으며 에너지 효율을 끌어올린다. 재생에너지를 기반으로 한 분산 발전에 걸맞는 시스템이다. 전력 수급 상황별 차등 요금제를 적용해 전기 사용자에게 전기 사용량과 요금 정보를 알려줌으로써 자발적인 에너지 절약을 유도할 수도 있다.

지원금을 깎게 되면 재생에너지 분야는 자랄 수 없게 되겠죠. 또 자연에너지 축전 기술이나 지능형 전력망Smart Grid, 스마트그리드 개발도 필요합니다. ▪

"독일이 탈핵을 결정해도 다른 나라에서 핵발전으로 만든 전력을 사들인다면 의미가 없다."는 의견이 있는데요. 어떻게 생각하세요?

이 질문을 자주 받아요. "독일은 핵발전으로 만든 전력을 사들이고 있으니까 탈핵은 무의미하다."는 건 틀린 얘기입니다. 독일은 전력을 수출하는 나라입니다. 수입하는 전력보다 수출하는 전력이 많아요. 프랑스에서 핵발전으로 생산한 전력이 들어오고 있는 건 사실입니다. 유럽은 송전망이 이어져 있으니까요. 전력은 늘 흐르기 마련이죠. 독일 풍력발전이 생산한 전기가 독일의 송전망 용량이 넘치게 되면 폴란드로 흘러가기도 합니다. 2012년 2월 대한파 때는 대부분 전기로 난방을 하는 프랑스의 특성상 전력이 모자라는 바람에 독일에서 전력을 사들였어요. 독일은 햇빛발전으로 최대 1시간에 300만 킬로와트라는 전력을 생산합니다.

전력 수출국인 독일이 탈핵을 결정한 것은 다른 나라에 '탈핵 전력 본보기'가 되는 큰 의의가 있어요.

가정용 전력 시장이 자유화되지 않은 나라에서는 뭘 할 수 있을까요?

여러 가지가 있겠죠. 햇빛발전기를 설치하거나 풍력발전소를 시민들이 세우는 것도 좋아요.

에너지 절약 가능성도 크죠. 에너지를 아끼고 전력 효율을 늘리면 소비 전력을 크게 줄일 수 있을 겁니다. 우리도 고객들이 난방용 펌프를 새로 살 때 75유로(11만 7천 원)를 보조금으로 지급합니다. 모두가 낡은 펌프를 뜯어내고 효율적인 새 펌프를 들이면 그것만으로도 원자로 2기 몫의 전력을 아낄 수 있어요. 텔레비전 따위의 대기 전력을 없애는 것도 효과가 있죠. 냉장고나 컴퓨터, 전등 따위 쓰임을 조금만 바꿔도 크게 절약할 수 있습니다.

후쿠시마 핵발전소 사고는 독일이나 세계에 어떤 영향을 미쳤을까요?

후쿠시마 사고로 독일에서는 정당을 뛰어넘어 '탈핵이 필요하다.'는 생각을 모든 이들이 하게 됐어요. 독일 정부는 이걸 무시할 수 없었기 때문에 탈핵으로 선회했죠. 후쿠시마 사고가 터지고 나서야 겨우 독일이 탈핵으로 되돌아갈 수 있었다는 건 너무나 슬픈 사실이에요.

전에는 "농사짓는 땅에 풍력발전이라니 말도 안 된다."던 사람들이 여기저기에서 "당장 만들자."고 했고 지자체장이나 의회도 찬성했죠. 사고 보도를 보고 에너지 대전환이 필요하다는 걸 인식했다는 말입니다. 자연에너지를 사려는 사람들이 순식간에 불어났어요. 각 전력 회사에서도 생태적 선택지로 자연에너지를 준비하게 되었습니다.

후쿠시마 사고로 재생에너지를 원하는 목소리가 높아져 에너지원을 재생에너지로 바꿔 나가는 과정이 빨라진 것도 사실입니다. 1986년에 체르노빌 사고가 나면서 독일은 처음으로 재생에너지에 관심을 갖게 됐거든요. 하지만 그것만으로는 모자랐어요. 후쿠시마 사고가 나고서야 처음으로 독일이나 스위스가 탈핵을 결정했죠. 프랑스나 미국은 여전히 방침을 바꾸지 않고 있지만요. 참사가 일어나야 배우게 된다니 말이 안 되죠. 참 얄궂은 일이구나 싶어요.

하지만 독일 정부가 탈핵을 결정했다고 해서 예정대로 실현될 것인지에 대한 보장은 없어요. 정말 그렇게 하는지 어떤지 다른 나라들이 지켜보고 있지요. 아마 못 할 거라고 여기는 이들도 적지 않을 거예요. 그러니까 우리 회사도 독일에서 탈핵이 정말 실현되도록 힘을 실어서, 세계에 증명해 보여야 한다고 생각합니다.

일본에서는 국민들 거의가 핵발전의 위험성을 생각하지 못했겠죠? 후쿠시마에서 사고가 나서 뉘우치고, 깨닫고, 생각하게 됐을 겁니다. 곳곳에서 탈핵 시위를 벌이기도 하구요. 엄마나 여성들이 앞장서 일어났잖아요. 이제부터가 중요합니다. 독일에서도 탈핵을 결정하기까지 시간이 걸렸어요. 끈질기게 줄곧 반대해 나가면 언젠가는 열매를 맺습니다.

일본이 탈핵으로 나아가는지 어떤지 많은 나라들이 지켜보고 있어요. 일본이 결단하면 다른 나라들도 따라갈 겁니다. 후쿠시마에서 일어난 사고를 적어도 미래를 변화시키는 계기로 삼을 수 있었으면 합니다.

정치인들은 핵발전이 위험하다고 알고 있을 겁니다. 러시아나 미국, 영국, 프랑스에서도 사고가 났지만 크게 보도를 안 하는 것 뿐이죠. 흐지부지 얼버무린 것들이 많을 거예요. 더 큰 사고가 나지 않으면 세계는 핵이 위험하다는 걸 깨닫지 못하는 걸까요? 2001년 9월 11일에 미국에서 테러가 있었잖아요. 그때 비행기가 핵발전소에 부딪쳤다고 생각해 보세요. 정말 무서운 일이죠.

2011년 후쿠시마 핵발전소 사고 이후 샌디에이고San Diego에 있는 샌오노프레San Onofre 핵발전소를 폐쇄해야 한다는 주장이 잇따랐다. 캘리포니아 주는 긴급 조사를 벌인 뒤 주 의회가 2013년 발전소 영구 폐쇄를 결행했다. 그러나 50억 달러(약 5조 5천억 원)에 이르는 폐쇄 비용은 전력 소비자들 몫으로 떨어졌고, 발전소 운영사인 서던캘리포니아에디슨Southern California Edison, SCE은 1,360톤에 이르는 핵폐기물을 저장할 장소를 마련하지 못해, 2017년 '시민 감시Citizens Oversight'라는 단체에게 고발당했다. 한편, 샌루이스오비스포San Luis Obispo에 있는 디아블로캐니언Diablo Canyon 핵발전소는 시작부터 안전성 논란에 시달려 온 곳이다. 1971년, 착공 3년 만에 4.8킬로미터 떨어진 곳에서 호스그리 지진 단층대Hosgri Fault가 발견된 것이다. 지금까지 디아블로캐니언 핵발전소 주변에서 발견된 단층대는 모두 4개로, 2008년에 발견된 쇼어라인 지진대 Shoreline Fault는 핵발전소에서 불과 1킬로미터 떨어진 곳에 있다. 이 일로 시민사회가 핵발전소의 위험성을 크게 공감하게 되었다. 후쿠시마 핵발전소 사고 이후에는 시설 영구 폐쇄 주장이 더욱 힘을 얻었고, 2014년 캘리포니아 주에서 규모

전기를 다른 방식으로 생산할 수도 있는데 하필이면 위험성이 높은 핵발전에 기댄다는 게 너무나 어리석어요. 캘리포니아California에는 활성단층 위에 핵발전소가 3기나 있거든요. 몇 해 안에 지진이 일어난다고 하는데 막상 나면 어마어마한 참사가 벌어지겠죠. ˙

2011년 골드만 환경상을 받았을 때 오바마 대통령을 만났어요. 몹시 지쳐 보이더군요. 마침 의회가 예산안 심의로 한창 고비일 때여서 야당하고 옥신각신하던 와중이었던 거죠. 남몰래 가져간 영어판 《핵발전을 반대하는 합당한 이유 100가지》를 건넸는데 읽어 보았는지는 모르겠네요. 바빠서 차분히 읽을 시간은 없겠지만 적어도 차례만이라도 펼쳐 보았기를 기대해

야죠. 그런 고된 모습을 보고는 미국 대통령은 되고 싶지 않더라구요.(웃음) 물론 독일에서도 정치인으로 일하고 싶지는 않아요. 앞으로도 기업가로서 스스로 결정하고 행동하며 살아야지 합니다.

6.1의 강진이 발생하면서 핵 전문가들 사이에서도 폐쇄 권고가 나왔다. 논쟁 끝에 2016년 6월 캘리포니아 주는 마지막 핵발전소인 디아블로캐니언 1·2호기의 20년 수명 연장을 포기하고, 가동 허가가 만료되는 2024년 11월, 2025년 8월 각각 영구 폐쇄하기로 결정했다. 이 핵발전소의 운영을 맡고 있는 회사 퍼시픽 가스앤드일렉트릭Pacific Gas and Electric Company, PG&E은 핵발전의 대안으로 기존 발전소들의 발전 효율을 높이고, 태양열과 풍력 같은 재생에너지를 확대해 나가겠다고 밝혔다. 이 결정을 통해 캘리포니아는 지금 '핵에너지가 없는 주'로 한걸음씩 나아가고 있다.

자전거로 상쾌하게

독일 사람들은 자전거를 즐겨 탄다. 시내 중심지에서 교외까지 자전거 길이 잘 닦여 있고, 출근을 하거나 학교에 가느라 왕복 1시간을 달리는 이들도 자주 본다. 중년 여성들에게도 편히 탈 수 있는 자전거부다 기능이 뛰어나고 비싼 장거리용이 인기가 있다. 남녀노소 할 것 없이 자전거 길을 씽씽 달린다. 라인 Rhein 강이나 엘베Elbe 강 가에는 장거리 자전거용 길이 나 있고 주요 노선도 잘 닦여 있어 독일 어디든 자전거로 달릴 수 있다.

자전거 전용 도로는 인도에 딸려 있기도 하고 차도에 딸려 있기도 하다. 전용 도로가 없을 때는 차도를 달린다. 자전거용 신호도 있다. 보행자가 자전거 전용 도로를 걷다가 자전거에 치이면 보상을 받을 수 없기 때문에, 조심해서 걸어야 한다.

북독일의 하노버는 인구가 52만 명이다. 니더작센Niedersachsen 주의 주도로, 숲 속에 도시가 있다고 할 만큼 녹음이 짙은 곳이다. 유럽 도심에 자리한 숲으로 파리의 불로뉴Boulogne 숲이 이름 높은데, 하노버에는 그에 버금가는 아일렌리데Eilenriede 숲이 있다. 시 전체에 자전거 도로가 잘 갖추어져 있다. 하노버 시민 가운데는 자동차나 오토바이를 이용하는 사람이 28퍼센트로 가장 많다. 하지만 자전거가 19퍼센트, 대중교통 이용자도 19퍼센트, 도보는 25퍼센트,

다른 사람의 차를 함께 타는 사람이 10퍼센트에 이른다. 하노버에서는 여름철이면, 저녁 8시부터 자전거로 약 20킬로미터를 달리는 행사인 '자전거 도시의 밤Velo City Night'이 다섯 차례 열린다. 저녁 10시 무렵까지 밝아서, 시나브로 어둠이 짙어 가는 하늘을 바라보며 녹음 속을 달리는 기분은 상쾌하기 이를 데 없다. 그래서 수천 명씩 참가한다. 자동차를 안 타는 '차 없는 날Car–Free Days' 행사도 해마다 열어 자전거를 타도록 북돋우고 있다.

하노버의 대중교통 회사인 위스트라ÜSTRA는 정기권을 산 사람이 매달 7.95유로(10000원)를 더 내면 자동차 공유 서비스 회원이 될 수 있고 택시는 20퍼센트, 독일 철도는 25퍼센트 할인된 가격으로 이용할 수 있도록 하고 있다. 노면전차, 버스, 철도, 자전거, 택시, 자동차 공유 서비스를 잘 이용하면 자동차는 그야말로 필요 없이 살 수 있다. 위스트라의 교통망은 2000년 하노버 만국박람회를 준비하며 한층 탄탄해져 시내를 그물망처럼 촘촘히 잇고 있다. 노면전차의 제동기(브레이크)를 이용하여 발전하거나 회사 지붕에 태양광 패널을 설치하는 따위로 기후 보호를 위한 활동도 해 나가고 있다.

의무는 아니지만 아이들은 거의가 헬멧을 쓰고 달린다. 세 살이 되면 제 발로 굴리는 자전거를 타기 시작해 네댓 살이면 어린이용 자전거를 탄다. 만 열 살까지는 인도를 달릴 수 있도록 배려하고 있다. 자전거 뒤에다 연결해서 끌고 가는 아기 수레도 자주 본다. 아이를 둘까지 태울 수 있어 아주 편리하다.

쉬는 날에는 교외에서 자전거를 즐기는 사람들이 많다. 독일 철도는 하루

4.5유로(5850원)를 내면 자전거를 열차에 실을 수 있다. 이체 같은 특급이나 급행에는 못 태우지만 보통 열차나 쾌속은 문제없다. 여름철에는 자전거 전용 열차가 등장할 만치 인기가 있고 사이클링용 여행 상품이나 호텔도 성황이다.

환경 교육의 새로운 가능성, 하노버 학교생물센터

하노버 시가 운영하는 학교생물센터Schulbiologiezentrum Hanover는 독일에서 가장 역사가 오래된 곳으로 내용이 풍부하고 알찬, 환경 교육 시설이다. 1883년에 설립되었는데, 2만 평이나 되는 부지를 자랑한다. 식물이나 동물은 물론이고 우주나 에너지에 이르기까지 다루는 폭이 넓다. 요사이는 환경보호나 자연에너지, 쓰레기, 교통처럼 '지속 가능한 발전'이 핵심 주제가 되고 있다. 다른 지자체들은 물론이고, 여러 나라에서 시찰단이 끊임없이 찾는다.

학교에 딸린 시설이라 시내나 가까운 지역에 있는 초·중·고 80곳의 학생들이 반별로 공부하러 온다. 숲을 비롯해 농원이나 온실, 약초밭, 못, 동물 우리 따위가 있고 아이들이 오감을 써 가며 자연을 체험할 수 있게 해 놓았다.

센터 안에 있는 식물은 모두 만질 수 있으며 공작새가 거닐고 야외 조리장도 있다. 40가지나 되는 토마토는 열매가 달릴 때면 모양이나 맛을 비교할 수 있다. 사육 우리에는 야생 닭이 자라고 못에서는 물고기나 물에서 사는 동물들이 노닌다. 햄스터나 토끼, 뱀, 도마뱀, 거미도 손으로 만질 수 있다. '멘델의 법칙'을 구현한 뜰도 꽤 볼만하다. 벌집도 있어 꿀벌의 생태를 관찰한 뒤에, 꿀을 딸 수도 있다.

교사용 자료도 아주 넉넉하다. 동식물 종류마다 300가지나 되는 책자가 있는데, 교재로 어떻게 쓸 수 있는지까지 상세히 설명해 놓았다. 센터에 오지 않아도 교사는 이것을 참고해 학교에서 적절한 수업을 할 수 있다.

교재로 동식물을 대출하는 일도 아주 중요한 일거리다. 학기가 시작되기 반 년 전에 각 학교마다 어떤 식물이나 동물이 필요한지 파악해 미리 준비해 놓는다. 가령 쥐 같으면 저학년 아이들은 만져서 생태를 배우고 고학년은 스스로 번식시켜서 유전 수업에 활용할 수 있도록 준비하는 것이다. 몇 달 동안 관찰하고 나서 센터로 되돌린다.

'퇴비장'에서는 가랑잎, 짚풀, 신문, 플라스틱 같은 8가지를 각각 4년 동안 통에 보관한다. 1년에 얼마나 흙으로 돌아가는지 한눈에 알 수 있도록 하기 위해서다. 관찰해 보면 플라스틱만 전혀 줄지 않는다. 그리고 플라스틱을 뺀 7가지를 섞으면 분해가 가장 빠르다. 자연계에서 가랑잎이나 가지들이 분해가 빠른 것도 납득할 수 있다. 이런 방식으로 미생물이나 쓰레기에 대해 생각할 기회를 준다.

'에너지 마당'에서는 태양열로 음식을 만들 수 있고 하얀색과 검정색은 열 흡수율이 다르다는 것도 배울 수 있다. 해시계나 태양광 패널도 있고, 동지, 하지, 춘분 따위 절기에 해가 뜨는 곳이며 지는 곳이 표시되어 있다.

주말에는 자원봉사자들의 도움을 받아 시민이나 아이들을 위해 강좌를 연다. 나무 열매로 인형을 만들거나 허브의 효용에 대해 배우는 따위로 아주 프로그램이 알차다. 해마다 9월에 열리는 환경 포럼에는 전국에서 자연보호단체나 환경 관련 시민 단체, 시민들이 찾아와 한껏 북적인다. 이 센터는 환경 교육에 다양한 가능성이 있다는 것을 보여 준다.

그리고 지금

이 장에서는 전력 자유화나 재생에너지법과 같은 독일 에너지 정책의 핵심을 다룬다. 아울러 핵발전을 바라보는 시민들의 생각이나 재생에너지에 관한 활동도 소개한다.

아이들이 위험하다

독일연방방사선방호청Bundesamt für Strahlenschutz, BfS이 2007년에 발표한 보고서 〈KiKK 조사Kinderkrebs in der Umgebung von Kernkraftwerken, 핵발전소 주변의 소아암〉가 새삼 눈길을 끌고 있다. 이 보고서는 1980년부터 2003년까지 소아암 통계를 본보기로 해서 가동되고 있는 원자로 16기 주변을 조사했다. 그런데 핵발전소 둘레 5킬로미터 안에 사는 다섯 살 미만 아이들은, 통계로 미루어 볼 때 소아암 전체 발병 수가 48이어야 하는데 77이나 되고, 백혈병은 17이어야 하는데 37로 높다는 것이 밝혀진 것이다.

핵발전소가 사고가 난 것도 아니고, 그저 가동되고 있는 곳 가까이에 사는 것만으로도 암에 걸릴 위험성이 크다는 결과다. 방호청은 여태까지 세계 각국에서 벌어진 조사 결과와 같은 흐름이라며 "가까이에 살면 살수록 발병률이 높아진다는 것이 증명됐다."고 발표해 낮은 방사선량일지라도 위험성이 있다고 밝혔다.

이 결과는 거센 논쟁을 불러왔고 훗날 방호청은 언론을 통해 "핵발전과 암 발생 사이에 관련성이 있다는 것은 짐작할 수 있지만 증거는 없다. 논의가 필요하다."고 추가 의견을 내놨다. 핵발전 업계와 가까운 방사선방호위원회는 "이 조사는 방법이 어설픈 데가 많다."는 견해를 밝혔다.

그런데 독일 환경부는 "핵발전소에서 5킬로미터 안에 사는 아이들 가운데 통계로 미루어 볼 때 소아암 환자가 많다는 조사 결과는 옳다. 하지만 그것이 핵발전소가 내어놓는 방사성물질 때문이라고 단정할 수는 없다."고 발표했다. 방사선방호청은 전문가들에게 이 조사의 신뢰도를 물어, 2010년 9월, 특정한 위험을 증명하는 것이나 결과를 해석하는 데서는 문제가 있었지만, 조사 방법이나 결과는 타당했다고 결론지었다. 즉, 방사능 영향이라는 증거는 없지만 핵발전소 주변에 사는 아이들의 암 발병률이 높은 것은 사실이라는 말이다. 이것은 독일 정부가 벌인 조사로 신뢰할 만하다. 핵발전소를 가동하고 있는 것만으로도 가까이 사는 사람들은 계속 해를 입고 있다는 것이다.

핵폐기물 중간 저장소가 있는 고어레벤 주변에서 여자아이들의 출생률이 내려가고 있어 걱정스럽다는 조사 결과도 2012년 5월 19일에 공표되었다. 방사선치는 허용 범위 안인데도 통계상 태어나야 할 여자아이들이 태어나지 않는 것이다. '낮은 방사선치일지라도 사람 몸에 영향을 미치고 있는 것 아닐까?' 하는 것이 논의되고 있다.

독일환경지원협회Deutsche Umwelthilfe, DUH가 베를린에 있는 자선병원Charité의 도움을 받아 조사한 바로는 '카스토르 수송Castortransport'이 시작된 1996년 이래 고어레벤 주변 40킬로미터 안에서 여자아이 출생률이 낮아졌다. 통계상 당연히 태어나야 할 여자아이가 1천 명이나 태어나지 않았다고 한다. 방사선치는 낮지만, 이 병원에서 인간 유전학을 연구하는 카를 스필링 교수는 "방사능 때문에 아빠의 엑스염색체가 상해 여자아이들이 태어나기 어려워진 게 아닐까?" 하고 핵폐기물과 여자아이 출생률을 관련시키고 있다. 체르노빌 사고 때도 여자아이들이 적게 태어나는 경향을 보였는데 고어레벤처럼 뚜렷하지는 않았다.

'잃어버린 여자아이들' 조사는 엄마의 나이나 아기 수 같은 자료가 충분치 않다는 의견도 있다. 하지만 니더작센 주 복지부는 2011년 9월, 카스토르 수송을 시작하기 전에는 여자아이가 100명 태어날 때 남자아이가 101명 태어났는데 그 뒤로는 여자아이가 100명 태어날 때 남자아이가 109명 태어났다고 발표하고 있어 여자아이가 줄어든 것은 사실이다. 전국 평균은 여자아이가 100명일 때 남자아이가 105명 태어나고 있다고 한다.

이 조사는 여자아이 출산율이 낮아진 것이 고어레벤의 방사능 탓이라는 증거는 없다고 강조하고 있다. 하지만 의학박사 크리스토프 칭크Christoph Zink 씨는 "태아는 어른보다 방사능의 영향을 받기 쉽다. 체르노빌 때 쌓인 의학적 경험을 살리지 못하고 있다."면서 방사능 허용치 설정에 문제가 있다고 비판한다. 독일환경지원협회는 독일 정부가 이 문제를 밝혀야 한다며 요구하고 있다.

아직도 정해지지 않는 독일 핵폐기물 최종 처리장

핵폐기물 최종 처리장 문제로 옥신각신하는 것은 독일도 마찬가지다. 북독일 일대는 오래전에 바다였던 곳이라 여기저기에 암염(돌소금)층이 있다. 핵폐기물을 다 모아 거기에 묻은 다음 보관하는 안이 유력하다고 한다. 하지만 몇 만 년이나 안전하게 둘 수 있을까를 놓고 전문가들 사이에서도 의견이 갈리고 있다.

북독일 니더작센 주에는 소금 광산 고어레벤이 있다. 1977년에 이곳이 저준위 및 고준위 핵폐기물 최종 처리장으로 선정돼 조사가 진행 중이었는데, 2000년 슈뢰더 총리가 이끄는 사민당과 녹색당 연립 정권이 조사를 잠시 멈추라고 권고했다. 고어레벤이 정말 몇 십만 년이나 안정된 상태를 유지할 수 있는지 의문이 생겼기 때문이다. 2010년에 메르켈 총리가 이끄는 기민당과 자민당 연립 정부가 다시 조사했지만 후보지 선정 과정이 불투명했다며 독일 전역에서 새로이 후보지를 찾아보기로 했다. 고어레벤 조사로 이미 큰돈을 써 버려 부실하게 대응한 것 아니냐며 정부가 비판을 받고 있다.

고어레벤은 핵폐기물 중간 저장소로 정해져 1983년에 벌써 공사가 끝났지만 반대 운동과 법적 문제로 1995년부터 겨우 사용하기 시작했다. 독일은 핵폐기물을 프랑스의 재처리장 라아그La Hague에서 처리한 뒤 카스토르Castor 라 불리는 핵폐기물 보관·수송 용기Cask, 캐스크에 담아 고어레벤 중간 저장소에 반입한다. 핵폐기물 온도가 섭씨 400도에서 200도로 내려갈 때까지 여기서 보관하고 나중에 최종 처리장으로 옮기는 것이다. 모두 420개를 수용할 예정인데 벌써 113개가 들어 있다. 1,200킬로미터나 되는 거리를 열차와 트럭으로 나르는 '카스토르 수송'은 1996년에 시작했는데 매번 큼직한 반대 시위가 일어난다.

그런가 하면 니더작센 주 아세Asse에서는 옛 소금 광산을 핵폐기물 중간 저장소로 쓰기로 하고 1995년까지 중·저준위 방사성폐기물을 반입했는데, 2010년 연방방사선방호청이 12만 6천 개에 이르는 캐스크를 모두 꺼내겠다고 발표했다. 지하수가 흘러들어 암염 동굴이 붕괴될 위험에 처했기 때문이다.

또 니더작센 주에 있는 콘라트Konrad는 본래 철광석 광산인데 현재 중·저준위 방사성폐기물을 보관하려고 공사를 벌이고 있어, 빠르면 2019년 이후쯤 쓸 수 있다고 한다.

구 동독일에서는 소금 광산이었던 몰스레벤Morsleben을 최종 처리장으로 정하고 1979년부터 중·저준위 방사성폐기물을 반입해 왔다. 독일이 통일된 뒤에는 연방 정부가 관리하고 있는데, 1998년까지 핵폐기물 총 3만 7천 세제곱미터가 저장되면서 폐쇄되었다. 지금은 '해체' 계획이 승인되기를 기다리고 있다.

이처럼 독일 핵폐기물 최종 처리장 후보지는 아직 정해지지 않았다. 고어레벤도 심사 과정이 불투명했다며 후보지를 다시 조사

하라고 된추궁을 당했다. 지금은 북독일 니더작센 주에 몇몇 후보지가 있지만, 다비드 메칼리스터David McAllister 주지사도 주민들도 완강하게 반대하고 있다.

핵발전소 터 안에 보관하고 있는 핵폐기물 처리도 문제다. 2012년 3월에는 바텐팔Vattenfall이 운영하는 브룬스뷔텔Brunsbüttel에서 핵폐기물을 넣은 드럼통이 녹이 슬어 흐슬부슬해진 것이 밝혀졌다. 이 핵발전소는 후쿠시마 사고 이후 가동을 멈췄지만 핵폐기물은 30년이나 된 것이라 이번에 통을 바꾸면서 문제가 드러났다. 본래 1통에 2시간~3시간이면 작업이 끝나는데 8시간이나 걸린 것을 이상하게 여긴 감사가 이를 지적한 것이다. 방사능은 새지 않았다지만 안전이 의심스럽다. 여기에는 500개나 되는 중·저준위 방사성폐기물 통이 보관돼 있다. 다른 핵발전소도 마찬가지로 핵폐기물이 쌓여 있어 어떻게 처리할 것인지가 숙제로 남아 있다.

독일 법률에는 최종 처리장이 정해지지 않았다면 핵발전소를 가동할 수 없도록 되어 있다. 그런데 1970년대에 "거의 정해졌으니 결정된 것이나 다름없다."며 두루뭉술 채결해서 가동시켰다. 하지만 40년이 흐른 지금까지도 정하지 못하고 있는 것이 현실이다. 처리장이 없는 가동은 엄밀히 헌법 위반이다. 조사에 쓴 비용도 막대하지만 독일 정부는 여전히 해결책을 내놓지 못하고 있다.

새로운 길을 연 전력 시장 자유화

1997년, 유럽연합 가맹국에 전력 시장을 자유화시키라는 지령이 발효되었다. 그에 따라 1998년부터 독일 전력 시장도 자유롭게 풀렸다. 발전 부문과 소매 시장이 경쟁으로 접어들고, 전력 회사 안에서는 송전 부문이 운영이나 회계와 나뉘게 된 것이다. 그때까지는 각 지역 전력 회사가 송전선을 독점하고 있었지만, 송전선 분리 조치로 어느 전력 공급사나 공평하게 송전선을 쓸 수 있게 되었다.

하지만 다른 유럽연합 국가들과 달리 1998년 당시 독일은 송전선 사용료를 회사들끼리 협의해서 정하도록 했다. 자유경제의 원리를 따른다는 명분을 내세웠지만 실제로는 독점 불가 방침에 반발한 기존 전력 회사의 요구를 정부가 받아들였기 때문이다. 송전선을 가진 기존 전력 회사는 신규 사업자들에게 높은 사용료를 매겼다. 결국 전기 요금은 올랐고, 자유경쟁이라고는 할 수 없는 상태가 되어 버렸다. 전력 자유화 이전에는 큰 전력 회사가 8곳이 있었는데 에온, 라인베스트팔렌전력회사RWE, 바덴뷔르템베르크에너지회사EnBW, 바텐팔 이 네 회사로 통폐합되면서 이들이 전체 전력의 80퍼센트를 다루게 되었다. 그래서 저가로 고객을 잡으려던 신흥 전력 회사나 자연에너지를 중시하는 전력 회사처럼 새롭게 시작하는 곳이 꾸준히 늘었지만 송전선 사용료가 너무 비싸 크게 성장하지 못했다.

그 후 송전선 부분은 큰 전력 회사에서 떨어져 나와 다른 회사가 되었지만 고압 송전망은 4대 전력 회사가 지배하는 지역 단위로 테넷Tennet, 앰프리온Amprion, 트랜스넷BWTransnetBW, 50헤르츠 50Hertz Transmission 같은 큰 회사가 갖게 되었다. 작은 지역 단위로는 전력 회사가 송전선을 소유하고 있다. 2012년 3월 기준으로 송전 회사 수는 약 870개이다.

정부는 너무 비싼 송전선 사용료를 바로잡기 위해 2005년에 연방계통규제청Bundesnetz—agentur을 만들었다. 새롭게 시장에 진입하는 회사나 규모가 작은 회사들이 불리하지 않도록 살핀다. 2011년부터는 고압선 정비 계획도 맡고 있다.

송전선은 바닷물 같아서 풍력, 수력, 햇빛발전, 핵발전 등 모든 발전소에서 생산된 전력이 같은 송전선에 들어갔다가 각 소비자들 콘센트까지 흘러간다. 물리적으로 설명하면 집집이 쓰는 전기는 제일 가까운 발전소에서 만들어진 전력이다. 재생에너지를 파는 전력 회사에서 전력을 산다고 해도 실제로 자기 집 콘센트로 흘러 온 전기가 정확히 햇빛이나 바람으로 만든 전기라고 할 수는 없다. 하지만 재생에너지를 골라 산다는 것은 핵발전이나 화석연료로 발전하는 양을 줄이는 일로 이어지는 것이다. 핵발전으로 만든 전력을 아무도 안 사게 되면 핵발전은 스스로 물러설 수밖에 없다. 폐로된다는 말이다. 이는 동시에 새로운 풍력이나 햇빛발전 시설이 들어서도록 지원하는 일이 되어, 재생에너지 분야를 넓히는 결과로 이어진다.

독점 시장이 아니기 때문에 전력 회사마다 요금 경쟁이 치열해 경영 전략도 아주 중요해진다. 쇠나우전력회사처럼 자연에너지만 판다거나 핵발전의 문제점을 적극 알리는 따위로 회사마다 특성을 살려야 한다. 생산 비용을 줄이는 한편, 에너지 절약 상담을 제공하고, 에너지 본보기 지구를 만드는 등 남다른 접근이 중요해졌다. 사고가 일어나거나 문제가 터지면 고객은 떨어지기 마련이라 전력 회사들은 모두 운영에 안간힘을 쏟고 있다.

북독일의 '하노버전력회사 에네시티Stadtwerke Hannover Enercity'를 보자. 이 회사는 중견 수준의 기업 10곳 가운데 하나인데, 니더작센 주의 주도 하노버와 그 주변에 사는 65만 명에게 전력과 가스, 물, 난방을 공급한다. 하노버 시의 제3 섹터로 시작해 100년 남짓 이어 왔다. 현재 사원은 2,600명이고 천연가스, 석탄, 풍력, 수력, 바이오가스를 다룰 뿐 아니라 작은 햇빛발전기도 여러 대 갖고 있다. 회사가 핵발전으로 전력을 생산하지는 않지만 자신들이 만드는 양과 같은 양을 밖에서 사들이고 있는데, 그 중 20퍼센트가 핵발전 전력이다. 따라서 이 회사가 다루는 전력은 10퍼센트가 핵발전으로 만든 것인 셈이다. 전력 자유화가 이루어진 뒤로는 전력 회사가 대규모 발전소를 새롭게 짓기엔 너무 부담이 크다. 그래서 고객들에게 이것저것 뒤섞인 전력뿐 아니라 자연에너지만 공급받는 요금제나 2년 장기 계약을 하면 요금을 깎아 주는 따위로 여러 요금제 가운데 자신에게 맞는 것을 고를 수 있게 준비하고 있다.

전력 자유화 이전에 에네시티는 에너지 절약을 북돋우는 운동에 힘을 쏟았다. 1990년대부터는 무료로 전구형 형광등을 나누어 주기도 했다. 전력 회사는 전기를 팔면 팔수록 벌이가 된다고 여기지만 실제로는 공급할 수 있는 전력에 한계가 있어 해마다 불어나는 소비를 공급이 못 따라가는 게 현실이다. 그런데 발전소를 새롭게 짓자면 막대한 비용이 들어 쉽지 않다. 전력이 가장 많이 쓰이는 시간에 자기네 회사 전력이 모자라면 다른 회사에서 비싼 돈을 주고 사야 한다. 그러면 적자가 커진다. 그걸 피하기 위해 에너지 절약을 실천하도록 고객들을 설득해 온 것이다. 가령 여름철이면 전력 소비가 많은 시간에 지역 기업들의 도움을 받아 30분 동안 냉방을 끄는 계약을 맺는다. 그러면 전력을 밖에서 사 올 필요가 없게 되는데, 이렇게 아낀 돈의 절반을 기업에 배당해 서로가 좋도록 하는 식이다.

이처럼 에너지 절약 운동을 벌이면 에네시티가 판매하는 전력은 줄지만 그 무렵까지는 지역 독점이 유지되던 상황이라 전력 단가가 좀 비싸더라도 고객들은 달리 선택권이 없어 에네시티와 계속 계약을 맺을 수밖에 없었다. 하지만 전력 시장이 풀린 뒤로는 에너지 절약으로 이익이 되더라도 전력 단가가 비싸면 고객이 다른 회사로 옮겨 갈 수 있다. 특히 기업은 여러 전력 회사를 비교한 다음 한두 해 단위로 계약하는 게 보통이다. 그래서 에네시티도 한때는 에너지 절약 상담을 중단했다.

하지만 최근 들어 다시금 에너지 절약 상담에 힘을 쏟고 있다. 기업들이 15분마다 전기를 얼마나 쓰는지 알리고, 그에 맞는 에너지 절약법을 제시해 장기 계약을 맺도록 하는 것이다. 또 시가지 북쪽에다가는 에너지 절약 효과가 큰 엘이디 조명 17종류를 가로등 200개에 끼워 본보기 지구를 만들었다. 다른 도시의 관계자들이 둘러보러 이곳을 많이 찾는다. 목재 펠릿이나 장작처럼 연료가 되는 목재를 가공하고 판매하는 '나무에너지센터HolzenergieCenter'에서는 나뭇조각을 6일 동안 집중 건조시켜 난로에 넣기 좋은 땔감으로 만들고 있다. 또 학교나 공장, 양로원 등 2천 군데에 열병합발전장치를 설치했다. 고압선을 수리하는 이들을 위한 실습 센터도 좋은 평가를 받고 있어 독일 전역에서 전력 회사 사원이나 공항 관계자들이 연수를 받으러 찾아온다. 이처럼 기업을 이어 나가기 위해 이런저런 노력을 쉼 없이 기울이고 있다. 기다리면 고객이 온 다던 시대는 끝났다. 가격 경쟁만으로도 살아남을 수 없다. 고객 들의 바람에 따라 새로운 기업의 모습이 요구되고 있다.

자연에너지 시장을 성장시킨 재생에너지법

독일에서 자연에너지가 크게 성장한 것은 시민들이 벌인 탈핵 운동이나 재생에너지 추진 노력에 힘입은 것은 물론이지만 무엇 보다도 재생에너지법이 제정된 것이 크다.

독일에서는 1986년 체르노빌 핵발전소 사고 영향으로 1991년에 재생에너지 매입을 의무화한 전력매입법이 제정되었다. 2000년에 는 사민당과 녹색당 연립 정권이 재생에너지로 생산한 전력을 높 은 고정 가격으로 20년 동안 사들이도록 하는 재생에너지법을 발 효했다. 이로 인해 태양광 패널이나 풍력발전장치를 설치했을 때, 투자한 몫을 확실히 되찾을 수 있게 이익이 보장되었다. 이 조치 로 재생에너지가 투자 대상이 되면서 관련 사업이 크게 발전했다. 해가 갈수록 매입 가격은 점점 떨어지고 있지만, 이는 기술이 발전하면서 설비 투자액이 낮아지기 때문이라고도 볼 수 있다. 하지만 액수가 줄더라도 그 가격은 20년 동안 보장된다.(풍력은 예외이다.)

사민당 의원이던 헤르만 셰어Hermann Scheer 씨가 이 법이 제정되기까지 큰일을 했다. 셰어 씨는 1980년대부터 핵발전과 화석연료에서 벗어나야 한다고 호소해 왔다. 1983년부터는 사민당 의원이 되어 재생에너지법을 제정하는 일에 힘을 쏟았다. 1999년에는 태양광 패널을 일반 가정에 설치하는 '10만 지붕 햇빛에너지 발전 계획'을 펼쳤고, 2003년에는 바이오 연료가 면세될 수 있도록 법률을 제정했다. 유럽 13개 나라가 1988년에 함께 창립한 공익단체 '유로솔라EUROSOLAR'에서 회장을 맡기도 하며 폭넓게 활약했다. 1999년에 펴낸 책 《태양에너지와 세계 경제Solare Weltwirtschaft》는 많은 이들에게 영향을 끼쳤다. 2000년 당시에는 사민당과 함께 녹색당이 여당이 되면서 순풍을 일으켜 일을 크게 진척시켰다.

고정 매입 가격을 설정하면 시장이 커져 그 기술로 만든 상품이 싸지는 효과가 있다. 매입 가격은 20년 동안 고정되지만 가동을 시작한 해가 가까운 설비일수록 싸진다. 언젠가는 이 법률의 지원이 없어도 자유경쟁 아래에서 살아남도록 하는 게 목적이다. 가령 2000년 당시 햇빛발전 전력 매입가는 1킬로와트시에 99페니히(821원)였다. 그런데 점차 내려가 2011년에는 28.74센트(483원), 2012년 초에는 24.43센트(378원)가 되었다. 풍력은 2011년에 가동을 시작했다면 처음 5년은 9.02센트(151원), 그 후부터는 4.92센트(64원), 2012년에 가동됐다면 각각 8.93센트(138원), 그 후는 4.87센트(62원)로 내려간다.

100곳이 넘는 재생에너지 분야 기업과 단체, 독일 환경부와 농업부가 모여서 꾸린 '재생에너지기구Agentur für Erneuerbare Energien'에서는 재생에너지를 늘리고자 홍보 활동을 벌인다. 자연에너지는 비싸다는 편견을 없애고 올바른 정보를 널리 알리고자 해서이다. 여러모로 도움을 줄 수 있는 프로그램들도 알기 쉽게 정리해 놓았다.

이 기구는 재생에너지가 이래서 좋다고 말한다.

- 에너지를 안정적으로 공급할 수 있다.
- 경제성장에 보탬이 된다.
- 고용을 늘릴 수 있다.
- 기술혁신을 촉진한다.
- 수출에 강하다.
- 자원을 보호할 수 있다.
- 기후 보호 해결책이 된다.
- 에너지 공급 비용을 줄일 수 있다.

그런데 2011년 경제기술부를 맡은 자민당의 필립 뢰슬러Philipp Roesler 장관은 햇빛발전이 생산한 전력을 사들이는 가격이 높다고 보아 보조금을 대폭 줄였다. 그로 인해 햇빛발전 업계는 수요가 줄어 도산하는 곳이 나오기 시작했다.

하지만 독일 정부는 재생에너지 매입 가격을 지불하기 위해 소비자 부담금을 늘렸다. 이렇게 거둬들인 돈은 재생에너지 판매량에 따라 각 전력 회사에 공평하게 되돌아간다. 그래서 특정한 지역이나 회사에 자연에너지 매입이 쏠리더라도 그 회사가 어려움을 겪지는 않는다. 재생에너지 매입가를 지불하기에 부족한 돈은 각 전력 회사가 소비자들에게 전기 요금을 매길 때 나누어 걷기 때문에, 결국에는 모든 소비자가 함께 부담하는 셈이다. 따라서 2011년 말에는 서둘러 태양광 패널을 설치하는 사람들이 늘었다. 2012년 초에는 1킬로와트시에 3.6센트(55원)를 추가 요금으로 내게 되었다. 독일의 법률을 본보기로 전 세계 50개국 가까이가 비슷한 법률을 제정하고 있다.

2009년에는 재생에너지열법Erneuerbare-Energien-Wärmegesetz, EEWärmeG 이 발효돼 새로 짓는 건물은 재생에너지를 써서 열을 얼마쯤 만들어 내야만 한다. 햇빛을 이용한다면 태양열 온수기를 지붕에 설치해 부엌이나 욕실에서 쓰는 물을 데우는 식이다. 목재 펠릿 난방을 설치하는 것도 좋다. 2007년에는 재생에너지로 만들어 낸 열이 6퍼센트에 지나지 않았지만 2020년까지 14퍼센트로 올리는 것을 목표로 삼고 있다. 그리고 열이 아니라 냉기라도 괜찮다. 신축 건물 15평(50제곱미터)짜리라면 햇빛에너지로 최저 15퍼센트, 목재 압축 연료나 바이오오일 같은 생물 연료라면 50퍼센트, 열병합발전이면 열에너지 50퍼센트를 마련하게 되는데, 1년에 약 15만 채가 늘 것으로 내다본다. 법률이 의무로 정하면서 건축 회사도 처음부터 이를 고려해 주택을 설계하게 되어 이것이 표준 양식이 되었다. 법 발효 전에 지은 건물이라면 단열 공사를 지원하는 보조금을 교부받을 수 있다.

독일에서도 "탈핵 전기는 비싸다."는 말들을 한다. 하지만 진짜일까? 고정 가격으로 자연에너지를 사들일 수 있도록 내는 부담금은 나날이 발전해 나가는 기술을 더욱 끌어올리고 시장을 넓히는 데 꼭 필요한 돈이다. 끝내는 고정 가격 매입 제도를 폐지해도 살아남을 수 있어야 한다. 많은 시민들은 핵발전 사고로 처하게 될 위험보다는 재생에너지 추진에 드는 경제적 부담을 지고자 한다.

2011년에 독일 그린피스에너지Greenpeace Energy가 조사를 했는데, 2010년에는 풍력발전에 든 비용이 1킬로와트시에 7.6센트(132원), 수력이 6.5센트(113원)여서 핵발전에 든 비용 12.8센트(222원)보다 훨씬 쌌다고 한다. 1970년부터 2010년까지 핵발전은 1,860억 유로(323조 6,553억 원)나 되는 보조금을 받았다. 한편 재생에너지 분야는 570억 유로(99조 1,846억 원)를 받았을 뿐이라 1/3에 지나지 않는다. 핵발전은 1킬로와트시당 세금이 4.3센트(74원), 재생에너지에는 2.2센트(38원)가 투입된 것으로 볼 수 있다. 여기에는 물론 핵폐기물 처리 비용이 포함되지 않았다. 이걸 보태면 핵발전의 경제적 부담은 더욱 커진다. 덧붙이자면 2011년 기준으로 3인 가정에서 연간 3,500킬로와트시 썼을 때 전기 요금은 1킬로와트시당 평균 24.95센트(436원)였다.

또 라이프치히보험포럼Versicherungforun leipzig은 2012년에 핵발전소 사고가 터진다면 25억 유로(3조 8,689억 원)밖에 보장이 안 되는 상황인데, 실제로는 60조 유로(9경 2,854조 원)가 필요할 거라고 추산하고 있다. 현실적인 사고 처리 비용이 나오는 보험료를 산정해 그것을 전력 회사가 고객들 전기 요금에 나누어 매긴다면 1킬로와트시에 2유로(3,095원)가 되는 셈이라 핵발전은 그야말로 값비싼 전력원이 된다.

어느새 독일 전력의 35퍼센트를 짊어지게 된 재생에너지

2017년 상반기에는 재생에너지 비중이 35퍼센트까지 늘었다. 독일 정부는 2020년까지 총 전력의 40퍼센트, 2050년까지는 80퍼센트를 재생에너지로 발전하는 것을 목표로 삼고 있다. 독일 환경부는 2050년까지 재생에너지가 100퍼센트를 책임지는 것도 가능하다고 내다본다.

2011년에 독일에서는 총 전력의 20퍼센트, 대충 12만 기가와트시(1,200억 킬로와트시)를 재생에너지가 마련했다. 재생에너지는 1991년에는 3.1퍼센트, 2000년에는 6.4퍼센트를 차지했고 10퍼센트를 넘은 것은 2005년부터다. 2010년에는 착실히 17퍼센트까지 늘었다. *

2011년에는 재생에너지 말고는 갈탄이 25퍼센트, 무연탄 19퍼센트, 천연가스 14퍼센트, 핵발전은 18퍼센트였다. 열 분야에서도 재생에너지가 10퍼센트를 짊어졌다.

2010년도 재생에너지는 풍력이 38퍼센트, 바이오매스가 30퍼센트, 수력이 16퍼센트, 햇빛발전이 15퍼센트를 차지했다. 전력 전체로 보면 각각 8퍼센트, 6퍼센트, 3퍼센트, 3퍼센트다. 독일 정부는 특히 해상 풍력발전소를 먼저 만들 방침인데, 해상 풍력발전으로 2020년까지 10기가와트시(1,000만 킬로와트시), 2030년까지 25기가와트시를 생산하고자 한다. 벌써 발트해에서 바덴뷔르템베르크에너지회사가 '발틱 I Baltic I'을 세워 2011년 5월 조업을 시작했다. 해안에서 16킬로미터 떨어진 자리에 풍차 21기를 줄지어 세워 4만

5천 세대가 쓸 수 있는 전력을 만들고 있다. 2013년에는 80기짜리 '발틱IIBaltic II'가 완성될 예정이고 그 밖에도 30개가 넘는 해상 풍력발전소가 건설 및 계획되고 있다.

북아프리카나 중동, 남유럽에 태양광 패널을 설치해 유럽에 전력을 공급하려는 안도 나오고 있지만 긴 송전선을 구축하는 게 필수라 기술적인 안전성이나 각국의 치안을 생각할 때 실현이 어려울 것으로 보인다.

재생에너지 분야에서 고용도 늘어나 2012년 현재, 37만 명이 일하고 있다. 재생에너지는 일반적으로 핵발전보다 일손이 더 필요해서 고용을 늘린다고 한다. 전문 인력이 부족해 서로 확보하려는 경쟁이 치열하다. 독일 대학을 통틀어 300개나 되는 학부에서 관련 분야를 전공할 수 있다.

독일은 본래 전력을 수출하는 나라인데 후쿠시마 핵발전소 사고로 당시 가동되고 있던 원자로 17기 가운데 8기를 정지시켜 9기만 가동되는 바람에 2011년에는 전력이 부족하지 않을까 하는 걱정이 컸다. 하지만 2012년 1월~2월 유럽에 대한파가 닥쳤을 때도 전력이 모자라지 않았고, 심지어는 하루 평균 1억 5천만 킬로와트시에서 1억 7천만 킬로와트시에 이르는 전력을 수출했다. 겨울에도 날씨가 좋고 바람이 센 날에는 풍력이나 햇빛발전으로 충분히 전력을 생산할 수 있고, 햇빛발전으로 1시간에 최대 3천만 킬로와트를 만들고 있다.

프랑스는 원자로가 55기나 있고 전체 전력의 80퍼센트를 생산한다. 하지만 난방을 대부분 전기로 하고 있어 2012년 초 한파 때에는 전력이 부족했다. 〈포쿠스 온라인FOCUS Online〉은 독일이 2011년 원자로 8기를 정지시켰을 때 이를 비웃던 프랑스가, 바로 그 독일에서 에너지를 수입해야 했다고 보도했다. 독일은 프랑스보다 인구가 1,500만 명쯤 많다. 그런데 대부분 가스나 석유, 열병합발전 따위로 난방을 하고 있어 프랑스보다 전기를 반밖에 쓰지 않았기 때문이다.

풍차 세우고 싶은 사람 모여라

에너지 전환에 직접 참여하고 싶은 사람이라면 여러 갈래 길이 있다. 풍차를 세우려는 계획에 돈을 내는 것도 하나의 방법이다. 자연에너지로 만들어진 전기는 몽땅 사들이도록 법이 정하고 있어서 핵발전이나 화력발전이 만든 전력보다 먼저 송전선에 흐르게 된다. 정부는 핵발전을 대신하고자 대형 화력발전소를 세우겠다지만 자연에너지 발전량이 불어나면 화력발전소를 만들 필요는 없어진다.

논밭 한가운데 '초코볼 풍차Smarties-Mühle'가 우뚝 서 있다. 프랑스 예술가 패트릭 레이노Patrick Raynaud 씨가 설계한 높이 85미터짜리 풍력발전장치다. 납작한 초코볼 모양이 색색으로 다닥다닥 몸체에 붙어 있다.

하노버에 있는 빈드베르츠Windwärts Energie는 풍력발전장치 기획부터 설치까지를 도맡고 있는 회사다. 풍차를 세울 장소를 마련하고, 풍차를 설계하고, 건설 허가를 받고, 출자자를 모은다. 건설된 뒤에도 운영이나 주기적인 점검을 맡는다. 초코볼 풍차 프로젝트도 그 가운데 하나다. 초코볼 풍차는 하노버 만국박람회가 열린 2000년에 완성되었다.

이 회사는 풍력발전이 미래에 꼭 필요한 분야가 될 거라며 1994년에 5명이 뜻을 모아 문을 열었다. 경영은 힘들었다. 월급 일부를 회사 주식으로 주면서 운영해야 했다. 그러나 2000년부터 재생에너지법에 따라 재생에너지 고정 가격 매입이 가능해지자 풍력발전 수요가 훌쩍 커지면서 회사도 크게 성장했다. 생태ecology가 경제economy로 이어지면서 수익을 기대하며 투자하는 고객이 늘어났기 때문이다. 지금은 풍력을 중심으로 햇빛발전이나 바이오매스 시설을 세우고 있는데 총 투자액은 40억 유로(6조 1,903억 원)에 이른다. 2012년 현재, 사원은 130명이다. 출자자는 대부분 개인이고 회사도 경영 정책에 따라 출자하고 있다. 회사 대표를 맡고 있는 로타 슐츠Lothar Schulze 씨는 독일은 재생에너지 분야에 투자하는 75퍼센트가 개인(개인 사업자도 포함된다.)인데, 다른 나라에서는 이런 예를 찾을 수 없다고 말한다.

하노버가 있는 니더작센 주도 2020년까지 재생에너지로 주 전체 전력의 90퍼센트를 마련하겠다는 목표를 세웠다. 다비드 메칼리스터 주지사는 송전망을 정비하고, 축전 기술을 개발해 나가면서, 재생에너지 시설을 늘리는 게 중요하다고 한다. 핵폐기물 중간 저장소와 핵발전소가 다 있는 주이니만큼 에너지 전환이 정말 중요해, 기업과 시민을 아우르는 관민 운동을 펼치고 있다.

하노버 시내에서는 시민 단체가 시민들의 투자를 받아 학교나 주민 센터, 도서관 지붕에 태양광 패널을 설치하고 있다.

이처럼 독일에서는 전문 기업이나 시민 단체가 나서서 풍력이나 햇빛발전에 일반 시민들의 투자를 받는 예를 많이 볼 수 있다. 매입가를 법으로 보증하고 있어 위험 부담은 적고 은행의 정기예금보다 훨씬 배당이 나아 평판이 좋다. 기획에 따라 출자액 규모는 다양하다. 한몫에 50유로(7만 7천 원)짜리가 있는가 하면 5,000유로(770만 원)짜리도 있어 출자하는 사람이 형편껏 고를 수 있다.

전력 공급을 시민이나 지자체 손으로

독일은 본래 지자체가 전력 회사를 소유하고 있는 경우가 많았는데 더러는 쇠나우 시처럼 민간 회사에 설비를 팔아 전력 공급권을 넘기기도 했다. 1998년 전력 자유화 이후로는 제3 섹터였던 많은 전력 공사가 민영화되거나 흡수·합병되었다. 하지만 요사이는 전력 공급을 지자체에 되돌리는 흐름이 유행처럼 번지고 있다. 에너지 소비자단체에 따르면 2007년부터 2011년 3월까지 100곳이 넘는 지자체가 전력 공급권을 되찾았고 그 가운데 40곳이 넘는 지역에서 새로운 전력 공사가 생겨났다.

이것은 민간 전력 회사가 제공하는 서비스가 불만스럽거나 지자체의 바람을 외면하면서 불신을 받게 되었기 때문이다. 지자체가 전력 공급에 관여하게 되면 전력원을 개발하거나 선정하는 일은 물론, 가격이나 서비스 내용도 원하는 대로 정할 수 있다. 가령 큰 전력 회사가 타산이 맞지 않는다며 방치해 놓은 지역의 작은 수력발전 시설을 다시 가동시키거나 태양에너지에 추가 보조금을 주는 따위로 독자적으로 자연에너지를 추진해 나갈 수 있다. 그러니까 전력 공급을 통해 전력이나 환경에 대한 지자체의 생각을 펼칠 수가 있는 것이다.

독일에서는 각 지자체 의회가 어느 전력 회사에 전력 공급을 맡길지 결정한다. 계약 기간은 20년으로 계약이 만료되기 2년 전에 그 정보를 연방 기관에서 공표한다. 관심 있는 전력 회사나 단체는 다 지원할 수 있고 지자체가 후보를 심사해 결정한다.

그렇지만 전력 자유화 전후로 상황이 달라졌다. 전력 자유화 이전에는 공급권을 얻으면 지자체에 속한 공공시설은 물론 시내 모든 세대에 전력을 독점 공급할 수 있었다. 하지만 자유화된 뒤로는 공공시설에만 공급할 뿐, 개인이나 사업장은 저마다 원하는 회사에서 전력을 구입할 수 있어, 지자체가 선정한 회사를 고를 수도 있고 다른 회사를 선택할 수도 있다.

지자체 단위 공급은 송전선을 매입해야 가능하다. 의회가 가결했다 해도 송전선 매입이 실현되지 않으면 전력을 공급할 수 없다. 신규 공급 회사와 기존 공급 회사가 알맞은 매입가를 정하지 못하고 서로 다툴 때도 많다. 재판에 5년이나 10년이 걸리는 일도 흔하다. 그래서 쇠나우전력회사처럼 먼저 비용을 치러 놓고 나중에 재판을 걸어 돈을 되찾는 방법이 해결책의 하나가 되었다. 하지만 큰돈을 끌어와야 해 결코 쉬운 일이 아니다.

지자체가 전력 공급을 맡게 되면 자신들이 원하는 대로 운영할 수도 있고 경제적 이익도 얻을 수 있는 가능성이 생긴다. 물론 잘 안 될 위험성도 크다. 미리 꼼꼼하게 잘 따져 보아야 한다. 쇠나우 전력회사를 올바르게 평가하는 데 큰일을 한 에너지 자문 회사 베트의 대표 잔더 씨는 전력 공급 경험이 전혀 없는 지자체라면 모든 일을 스스로 맡아서 하기란 버거울 거라고 말한다. 그러니까 전력 매입이나 고객에게 청구서를 발송하는 일 따위는 협력사에 맡기는 것도 방법이다. 공급권을 확보할 것인가 말 것인가 판단하는 준비 기간만 해도 3년은 걸린다고 한다.

지자체뿐 아니라 시민들이 회사를 만들어 전력 공급을 시작한 곳도 있다. 독일 북서부에 있는 오스나브뤼크Osnabrück 시에서는 2008년에 시민들 가운데 뜻있는 이들이 '엔베르크nwerk eG'라는 단체를 꾸렸다. 조합원 191명이 출자해 전력을 공급하고 있다. 학교나 주민 센터 같은 시내 모든 공공시설이나 동물원에 태양광 패널을 설치했고 2011년에는 42만 5천 킬로와트시를 발전했다. 지역에서 나는 나무로 땔감을 만들기도 한다. 풍력발전도 해 보려고 마음먹고 있다. 이 단체에서 일하는 오토 베처Otto Böttcher 씨는 "태양광 모듈은 중국에서 만든 게 싸지만 일부러 우리는 독일제를 쓰고 있어요. 우리가 받는 배당금은 1킬로와트시에 1센트~2센트 줄지만, 우리는 기업처럼 무조건 이익만 좇는 건 아니니까요. 이것도 조합제라 가능한 거죠." 한다. 단체를 꾸린 뒤 얼마 동안은 봉사로 할 일이 많고, 법적인 틀을 다 잡지 못해 과제도 많지만, 시민들이 전력 공급에 직접 관여하게 되었다는 것을 높이 평가하고 있다.

베를린이나 슈투트가르트에서도 전력 공급권을 얻기 위한 운동이 시작되었다. 수도 베를린에서는 2014년 말에 거대 전력 회사 바텐팔과 맺은 공급 계약이 만료된다. 바텐팔은 독일 핵발전 전력의 7퍼센트를 생산한다. 베를린은 인구가 약 350만 명이다. 2011년 여름, 환경 단체와 사회단체 26곳이 나서 '베를린 새로운 에너지Neue Energie für Berlin'라고 하는 시민 단체를 결성했다. "민주적이고 생태적이며 사회적인 전기를"이라는 구호로 재생에너지를 100퍼센트 공급하겠다는 계획이다.

주민들 요구를 전달하기 위해 정식으로 청원서를 내려면 2012년 6월 말까지 2만 명에게 서명을 받아야 한다. 나아가 17만 2천명의 서명을 받게 되면 주민 투표도 실시할 수 있다.▪

이 단체는 송전선이 4억 유로(6,190억 원)라고 계산했는데 바텐팔은 20억 유로~30억 유로(3조 951억 원~4조 6,427억 원)에 이른다고 주장한다. 전력 공급은 송전선을 사들여야만 실현되는 것이라 자금을 마련하는 일이 큰 과제로 남는다. 바텐팔은 공급권을 잃게 될 처지라 강하게 저항하는 셈이다.

시민들이 전력망을 사들이지 않아도 기존 자연에너지 회사와 제휴하면 환경을 배려한 전력 모델을 실현할 수 있다. 이를테면, 헤센 주의 하터스하임Hattersheim 시는 2012년 1월 재생에너지기구가 선정한 '올해의 에너지 지자체'로 뽑혔다. 자연에너지 회사 나투어슈트롬NATURSTROM AG이 2008년부터 시에 전력을 공급하면서 시와 함께 유치원에 태양광 패널을 설치해 왔다. 이 회사는 1998년에 환경 단체 대표 16명이 모여서 만든 회사로 전력의 60퍼센트를 독일에서, 40퍼센트를 오스트리아에서 사들이고 있다.

하터스하임 시는 나투어슈트롬에서 전력을 사 연간 이산화탄소 400톤을 줄이고 있고 공공시설에 설치한 태양광 패널로 연간 12만 킬로와트시나 되는 전기를 생산한다. 이전에 시가 사들이던

'베를린 새로운 에너지'는 26만 5천 명의 서명을 받아 주민 투표를 성사시켰다. 2013년 11월 3일 베를린 시에서는 전력 공급 공영화에 대한 시민의 뜻을 묻는 주민 투표가 진행되었다. 총 유권자 249만 여명 가운데 73만 명 가까운 시민이 투표에 참여해, 83퍼센트에 이르는 60만 명이 100퍼센트 재생에너지로 전환하는 전력망 공화에 찬성표를 던졌다. 그러나 필요한 투표 수 가운데 2만 1,374표가 부족해 주민 투표는 아깝게 부결되었다. 하지만 시민들의 이러한 뜻을 베를린 시가 받아들여 시영 에너지 회사 베를린에네르기Berlin Energie를 세웠고, 2016년 3월 14일 이 회사가 베를린의 전력망을 100퍼센트 다시 사들이는 방안을 내놓았다.

전력은 핵발전 전기가 섞인 것이었지만 나투어슈트롬의 자연에너지보다 비쌌다고 한다. 이처럼 자연에너지라서 꼭 비싸다고는 할 수 없다. '이익을 최대한 좇는가?' '핵발전이 없는 사회를 꿈꾸는가?' 하는 회사의 이념이 가격에 반영되어 있다고 볼 수 있다.

탈핵으로 가는 길 위에서

독일은 2022년까지 탈핵을 하겠다고 하지만 그 길로 가는 데에는 많은 과제가 남아 있고 전문가들 중에는 실현을 걱정하는 이도 있다.

재생에너지기구는 2012년 3월, 한 조사 결과를 공개했다. 독일 시민 94퍼센트는 재생에너지를 추진하는 게 중요하다고 생각하고, 75퍼센트가 재생에너지로 만든 전기가 좋다고 여긴다고 한다. 하지만 실제 재생에너지를 쓰고 있는 사람은 18퍼센트에 지나지 않고, 20퍼센트는 지금은 안 쓰지만 나중에 쓸 생각이다. 당장 바꾸지 않았던 까닭은 아마 요금 때문이거나 바꿀 때 새로 계약하는 절차가 번거롭다는 것이겠다. 하지만 요즘 재생에너지는 핵발전이나 다른 발전원 전기와 값이 거의 비슷하다. 때로는 싼 것도 있다.

재생에너지가 좋은 점은 석유나 천연가스, 우라늄같이 원료를 다른 나라들에서 수입하지 않아도 된다는 것이다. 그리고 규모가 작고 분산이 가능해 시민들이 참여할 기회가 많다. 재생에너지를 지원하는 돈은 전기 요금에 보태

해마다 20퍼센트~30퍼센트씩 하락하는 가격을 견디지 못해 솔라월드는 결국 2017년 5월 파산을 신청했다.

파산한 큐셀은 한국 기업 한화가 인수했다. 한화큐셀은 꾸준히 성장해, 2018년 독일 태양광 모듈 시장 1위로 올라섰다.

져 모든 소비자가 부담하게 되지만 시민들 4/5는 이를 반긴다. 1/4은 현재 부담하고 있는 보조금이 싸다고 여긴다. 재생에너지법은 시민들 53퍼센트가 만족스럽게 여긴다고 한다.

정부는 최근 들어 햇빛발전 전력 매입가를 대폭 내렸다. 독일의 태양광 기술은 세계 1등이라지만 매입가를 내리면서 수요가 줄었다. 게다가 가격이 싼 중국 제품이 판을 치기 시작했다. 업계 1위 솔라월드Solarworld는 2011년 독일 시장 수요 증가세에도 적자를 기록했다. 저가격 경쟁에 희생된 것이다. ˙솔론Solon, 솔라하이브리드Solarhybrid, 솔라 밀레니엄Solar Millennium, 큐셀Q-cells˙ 같은 태양광 관련 회사들의 파산 신고가 이어졌다. 2007년에는 관련 기업들 주가의 시가 총액이 230억 유로(36조 8,326억 원)였지만 2012년에는 30억 유로(4조 6,427억 원) 아래로 내려갔다고 한다.

송전망 정비가 더딘 것도 심각하다. 정부는 독일 연안의 북해나 발트해에서 2030년까지 25기가와트(2,500만 킬로와트)를 생산하는 해상 풍력발전소를 건설하겠다는 목표를 세웠다. 하지만 독일에너지기구Deutsche Energie-Agentur, Dena는 목표를 실현하자면 2020년까지 총 길이 3,600킬로미터에 이르는 고압전선을 건설해야 한다고 말한다. 건설은 물론 송전회사 몫이다. 그런데 총액 150억 유로~200억 유로(23조 2,137억 원~30조 9,516억 원)가 들 것으로 보여, 일을 맡은 테넷은 55억 유로밖에 없다며 정부에 도움을 청하고 있다. 독일 북해 연안에 건설된 풍력발전소는 발전량이 많아 송전선 용량을 넘어설 위험이 있다. 실제로 송전선에 실어 보내지 못하는 사태가 더러 일어나는 게 현실이다. 이 손실은 몇 만 유로나 된다고 한다. 고압 송전선은 세우기까지 시간이 걸린다. 따라서 정부가 내놓을 장기 에너지 정책이 문제를 풀 수 있는 열쇠가 된다.

탈핵 정책으로 2011년에 원자로 8기가 정지되면서 관련 회사들의 수입이 줄었다. 독일에서 가장 큰 전력 회사 에온은 탈핵을 추진하는 독일뿐 아니라 이탈리아와 스페인에서도 실적이 떨어져 처음으로 적자를 보았다. 22억 유로(3조 7,026억 원)나 적자가 나 대량 해고를 예고했다. 업계 2위 기업 라인베스트팔렌전력회사도

2011년에는 34퍼센트나 수입이 떨어졌다. 업계 4위 바텐팔은 원자로 2기가 정지돼 하루에 100만 유로(16억 8,303만 원)씩 손해가 난다며 배상을 요구하며 독일 정부를 고소했다. 일간지 〈타츠taz〉는 탈핵으로 "소유 재산의 가치가 떨어졌기 때문"이라고 보도했다.

독일의 탈핵 정책은 소규모·분산형으로 나아가는 게 아니라 여전히 어느 하나를 크게 키우고자 하는 경향을 벗어나지 못하고 있다. 지금까지는 핵발전이 확실한 수익을 전력 회사에 보장해 왔다. 탈핵이 결정되자 전력 회사들은 비슷한 수익을 기대할 수 있는 대형 발전소를 지으려고 한다. 육지보다 비용이 더 드는 해상 풍력발전소나 천연가스를 때는 화력발전소처럼 말이다. 핵발전소 가동을 연장하든 탈핵을 하든 전력 회사의 협력이 꼭 필요하다. 연방의회에서 의결만 되면 그걸 따르도록 법을 정비할 필요가 있다. 지금은 전력 회사가 유럽 수준에 비추어 독일 정부를 고소할 수도 있다.

에너지 절약을 위해서는 남아서 버려지는 전력이 없도록 공급해야 한다. 독일 경제기술부는 '에 에네르기E-Energy'라고 부르는 지능형 전력망이나 인터넷을 이용해 전력 수요와 공급이 서로 들어맞도록 하는 시스템을 찾고 있다. 환경부와 함께 국내 6곳을 본보기 지구로 삼았다. 이 지구에서는 각 가정의 전력 소비량을 확인해 전력을 가장 많이 쓰는 시간이 겹치지 않도록 조절하고 있다. 또 바람이나 햇빛 같은 자연에너지를 도입해서 효율적인 발전과 소비를 실현하려고 한다.

본보기 지구 가운데 하나인 북독일의 쿡스하펜Cuxhaven에서는 2008년부터 2012년 말까지 '이텔리전스eTelligence'라는 기획을 실험했다. 소비자와 전력 회사, 송전선 회사가 참여해 전력을 안정적으로 공급하면서 경제성도 추구한 것이다. 풍력발전이나 열병합발전으로 만든 전력이 공급되었는데, 영업용 냉장고와 수영장, 하수처리장도 있는 동네였다. 650세대에 전력 소비량과 비용을 파악할 수 있는 기기를 주고 전기를 가장 많이 쓰는 시간대를 스스로 조절할 수 있도록 했다. 전체 전력 소비량이 불어나는 시간에는 집에서 세탁기나 건조기를 안 쓰는 식으로 말이다. 이렇게 에너지 절약을 북돋운다.

세대마다 아이폰을 나눠 주고 그걸로 전력 소비를 확인할 수 있도록 기획한 도시도 있다. 환경 의식을 드높이고자 힘쓰는 정부 기관 바움Bundesdeutsche Arbeitskreis für Umweltbewusstes Management e.V., BAUM의 한 담당자는 "처음 교통신호가 도입됐을 때 사람들은 이런 건 필요 없다고 했거든요. 그런데 지금은 신호 없는 사거리는 생각할 수 없죠. 스마트 에너지도 그렇게 될 거예요."라고 말한다.

이 기술로 사업장에서는 20퍼센트, 일반 가정에서는 10퍼센트의 에너지를 절약할 수 있다고 한다.

탈핵, 기후 보호, 재생에너지 추진을 함께 해 나가려면 재생에너지 추진을 법으로 못 박고 에너지를 전환하기 위해 애쓰는 '독일 사례'를 참고해야 한다. 독일이 성공하면 다른 나라들이 뒤따를 것이다. 그런 의미에서 독일이 탈핵과 재생에너지 추진을 정말 성공시키는지를 많은 이들이 지켜보고 있다.

어린이를 위한 햇빛발전 체험 주택

북독일에 있는 뮐렌베르크Mühlenberg 게잠트슐레Gesamtschule, 6년 과정 중등 종합학교의 한 동아리가 어린이용 햇빛발전 체험 주택을 개발했다. 아이들이 즐겁게 놀면서 태양에너지를 배울 수 있어 인기가 높다.

이 체험 주택에는 지붕 위에 태양광 패널과 집열기가 놓여 있다. 패널에 빛이 쪼이면 전력이 만들어져 집 안에 있는 라디오나 텔레비전, 선풍기가 켜진다. 전력 소비량 차이가 3단계로 표시되어 어떤 기구가 전기를 가장 많이 먹는지 한눈에 보인다. 햇빛이 약하면 선풍기가 느리게 돌거나 인터폰을 쓸 수 없어 그 효과를 실감할 수 있다. 집열기는 검은 관 안에 물이 들어 있는데 태양열이 관을 데워 이 물을 뜨겁게 만든다.

이 시설은 '어린이를 위한 과학'이라는 동아리가 개발했다. 30명 가까운 회원이 활동하는데, 완성하기까지 6년 걸렸다. 그 사이 졸업한 학생도 있으니 60명 가까운 학생이 참여한 셈이다. 필요한 부품을 구할 수 없을 때는 공구를 쓰거나 납땜을 해서 직접 만들었다. 그야말로 모든 지혜와 기술을 쏟아부었다.

이 동아리는 초등학생용과 유치원생용 햇빛발전 체험 상자를 먼저 개발했다. 햇빛발전 체험 주택은 그 모든 기술이 집대성된 것이다. 초등학생용 햇빛발전 체험 상자는 시내 학교들이 빌려 가 수업에 쓰기도 한다. 초등학생용은 배전 케이블에 플러스 전원과 마이너스 전원이 따로 있지만, 유치원생용은 콘센트 하나로 접속할 수 있도록 두 전원을 한 케이블에 넣었다. 체험 상자는 태양광 패널을 날개나 스위치, 전구, 충전지에 케이블로 잇는다. 패널은 3장인데, 원하는 수만큼 이을 수 있다. 패널 수에 따라 날개가 돌아가는 속도가 달라진다거나, 절전형 전구는 밝지만 보통 전구는 어둡다는 것을 쉽게 알 수 있다. 스스로 이것저것 해 보고 실험할 수 있어 아이들은 저도 모르게 몰두한다. 체험 주택에서 교사로 일하는 잉고 멘리히Ingo Menlich 씨는 "이거라면 어린아이들도 안전하게 다룰 수 있어요. 아이들이 햇빛발전의 가능성을 알게 되면 좋겠네요."라며 완성을 기뻐했다.

멘리히 씨는 하노버 시 학교생물센터에서 태양열이나 햇빛을 이용해 체험 수업을 어떻게 꾸려 갈지를 다른 교사들에게 가르치기도 한다. 여기서는 열의 흡수율이나 태양계의 역사, 발전의 원리 따위를 아이들 나이에 맞게 이모저모로 수업할 수 있다. "후쿠시마 핵발전소 사고가 난 뒤로 에너지에 흥미를 갖는 아이가 늘었어요. 그 중에는 스스로 이런저런 걸 탐구하는 아이도 있고요. 수업에서 토론도 아주 활발하죠." 그이는 햇빛발전을 비롯한 에너지 분야를 가르치는 데 큰 힘을 쏟고 있다.

핵발전을
반대하는
합당한 이유
100가지

글 쇠나우전력회사EWS

옮김 상추쌈

핵연료와 우라늄 채굴

1 100퍼센트 수입 ☢ **우라늄은 모두 수입해야 합니다.**

유럽에서는 체코와 루마니아에서만 우라늄을 조금씩 캐내고 있습니다. 독일은 1991년 사실상 모든 우라늄 광산이 채굴을 중단했고, 프랑스는 2001년에 우라늄이 마지막으로 산출되었습니다. 핵발전은 국내에 에너지원이 없습니다. 수입 원자재와 세계 우라늄 생산량의 2/3를 쥐고 있는 대규모 광산 기업 4곳에 매달릴 수밖에 없습니다.

2 짓밟히는 삶의 터전 ☢ **우라늄 광업은 수만 명의 생계를 무너뜨립니다.**

토착민들 땅에 세계 우라늄 매장량의 약 70퍼센트가 묻혀 있습니다. 우라늄 채굴은 마을을 파괴하고, 논밭과 풀밭을 빼앗고 물을 오염시킵니다. 2008년 니제르 정부는 외국인 투자자들이 니제르 북부의 드넓은 지역에서 우라늄을 채굴할 수 있도록 122건에 이르는 허가를 내주었습니다. 이 지역에 사는 투아레인들의 권리는 이 과정에서 완전히 무시당했습니다. 우라늄이 묻힌 다른 지역들처럼, 투아레인들은 땅을 빼앗기고 쫓겨날 위험에 처했습니다. 1996년 1월 26일, 인도의 차티코차 Chatijkocha 마을에서도 똑같은 일이 일어났습니다. 광산업자는 우라늄 광산을 더 늘리기 위해, 불도저로 오두막과 축사, 들판을 밀어 버렸습니다. 경고도 없이 말이죠. 지역 경찰은 이 일을 거들었습니다.

3 고갈되는 물 ☢ 우라늄 광업은 귀중한 마실물을 앗아 갑니다.

광석에서 우라늄을 추출하려면 물이 아주 많이 필요합니다. 그러나 우라늄 광산 지역은 대부분 물이 부족한 형편입니다. 최근, 나미비아수자원공사NamWater는 나미비아 정부가 우라늄 채굴 제안을 승인한다면 연간 5,400만 세제곱미터에 이르는 물이 부족하게 될 거라고 경고했습니다. 이것은 오마루루옴델Omaruru-Omdel 삼각주 전역에서 얻을 수 있는 수자원의 11배나 되는 양입니다.

사람과 가축, 농업에 필요한 물을 채굴 작업과 우라늄 광석 처리에 빼앗기게 될 것입니다.

4 방사능 호수 ☢ 우라늄 채굴로 오염된 진흙은 사람과 환경을 위험에 빠트립니다.

우라늄 광석 1톤에 우라늄이 0.2퍼센트 들어 있다면, 998킬로그램에 이르는 오염된 찌꺼기가 저지대와 인공 호수에 쌓이게 됩니다. 이러한 찌꺼기에는 우라늄 광석에 든 초기 방사능 가운데 85퍼센트가 남아 있습니다. 비소와 같은 독성 물질도 여럿 들어 있습니다.

찌꺼기 속 방사성물질은 수천 년 동안 대기와 지하수를 오염시킵니다. 보가 터지거나 산사태가 난다면 비참한 일이 벌어질 것입니다.

미국 유타Utah 주 모아브Moab의 아틀라스Atlas 광산 폐기물 호수에서는 수십 년 동안 유독성 물질과 방사성물질이 지하수로 유출되었습니다. 이 오염된 지하수는 1,800만 명에게 식수를 공급하는 인근 콜로라도Colorado 강으로 흘러갑니다. 카자흐스탄에서는 인공 호수 바닥에 말라붙은 찌꺼기에서 나온 방사성 분진이 주민 15만 명이 사는 악타우Aktau 시를 위협하고 있습니다. 키르기스스탄에는 좁은 골짜기에 우라늄 침전물 처리장이 셀 수 없이 많아, 국제연합UN은 훗날 국제적인 재앙을 낳을 수 있다고 경고합니다.

*악타우 시에는 군사용 플루토늄을 증식시키기 위한 원자로가 있습니다. 1973년 가동을 시작했고 1999년 폐쇄되었는데, 그 자리에는 핵무기 775개와 맞먹는 플루토늄 3톤과 고농축 우라늄 10톤이 고스란히 남았죠. 카자흐스탄 정부는 2010년 미국과 함께 이 위험하고 골치 아픈 물질을 수송 용기에 담아, 멀리 떨어진 보안 시설로 옮겼습니다. 무려 1년에 걸쳐 중앙아시아의 철도 및 도로 1,300킬로미터를 가로질러서요. 그런 뒤에, 정부는 이 지역에 남아 있는 핵 관련 인력과 시설을 활용해야 한다며 카자흐스탄의 첫 핵발전소를 악타우 시에 건설하겠다는 계획을 발표했습니다.

5 암을 일으키는 광산 ☢ 우라늄 광업은 암을 일으킵니다.

우라늄 광산과 거기서 나오는 폐기물이 내뿜는 방사성물질과 독성 물질은 노동자와 지역 주민을 병들게 합니다. 암 환자 비율이 늘지요.

동독의 옛 비스무트·우라늄 광산에서 일했던 광부 1만 명가량이 방사선 노출로 폐암에 걸렸습니다. 키르기스스탄 우라늄 광산 마을인 메이류수Mailuu–Suu의 주민들은 나라 안, 다른 지역에 사는 사람들보다 암 발병률이 2배나 높습니다. 1955년부터 1990년까지 미국 뉴멕시코New Mexico 주 그랜트Grant 우라늄 광산에서 일한 직원들의 암 발병률과 사망률이 높다는 연구 결과도 나왔습니다.

뉴멕시코 주의 나바호인과 포르투갈, 니제르 같은 여러 나라 우라늄 광산 지역 주민들도 우라늄 채굴로 심각한 건강 문제를 겪고 있습니다.

6 죽음의 땅 ☢ 우라늄 광산은 땅을 망가뜨립니다.

우라늄 광석 대부분에는 우라늄이 겨우 0.1퍼센트~1퍼센트 들어 있습니다. 일부는 심지어 0.01퍼센트밖에 안 들어 있기도 합니다. 그래서 천연 우라늄 1톤을 생산하려면 우라늄 광석 100톤~1만 톤이 필요합니다. 이 정도 용량을 추출하고 가공해야 하는 데다가, 거기서 나온 오염된 찌꺼기를 수천 년 동안 안전하게 보관해야 합니다.

또한 우라늄이 너무 적게 들어 있어 가공이나 정제가 어려운 암석이 수백만 톤 나옵니다. 이렇게 버려지는 폐석은 우라늄 광석의 몇 배나 되죠. 대개 방사성물질이기도 합니다. 미국 대통령 닉슨Richard Milhouse Nixon은 1972년, 드넓은 지역을 오랫동안 오염시킬 수 있다며 과거 우라뉴 광산이었던 지역을 '국가 재난 지역'으로 선포했습니다.

7 값비싼 진흙 ☢ 우라늄 채굴 지역을 회복시키려면 수십억 달러가 듭니다. 물론 회복이 불가능할 수도 있지만요.

우라늄 채굴은 환경에 큰 부담을 지웁니다. 호수 전체가 독성 방사성물질투성이인 침전물과 엄청나 방사성 쓰레기 더미로 가득 차, 수천 년 동안 지하수와 마실 물을 오염시키고, 공기를 더럽힙니다. 건강을 해치기도 하죠. 거대한 광산 회사들은 우라늄 추출로 큰돈을 벌지만, 방호와 재활에 드는 비용은 대부분 우리 모두의 몫으로 떨어집니다.

미국에서 우라늄 광산 폐기물 처리장 하나를 옮기려면 10억 달러(1조 1천억 원)가 넘는 세금이 듭니다. 독일 연방 정부는 옛 동독 우라늄 광산을 정화시키기 위해 65억 유로(10조 59억 원)를 써야 합니다. 비용을 아껴 보겠다고 과거 동독에서나 적용하던 느슨한 방사선 안전 규정에 따라 진행하고 있는데도요. 우라늄을 채굴하는 많은 나라들은 그러한 정화 조치 비용조차 감당할 수 없습니다.

8 공급 부족 ☢ 지난 20년 동안, 우라늄 광산은 핵발전소 운영에 필요한 양을 공급하지 못했습니다.

1985년부터, 핵발전소는 매년 광산에서 캐내는 우라늄보다 더 많은 양을 소비해 왔습니다. 2006년에는 전 세계적으로 필요한 양 가운데 2/3도 채굴하지 못했습니다. 지금까지 핵발전소 운영자들은 민간용과 군사용 우라늄 비축분으로 연료 부족을 해소해 왔습니다. 그러나 이걸로는 부족합니다.

지금 핵발전소 운영에 필요한 핵연료를 공급하기 위해서는 우라늄 추출량이 몇 년 안에 50퍼센트 넘게 늘어야 합니다. 수많은 새 우라늄 광산이 이러한 책임을 떠맡아야 합니다. 이로 인해 인간의 건강과 환경에 미치게 될 모든 해로움은 덤이지요.

9 매장량의 한계 ☢ 우라늄 자원은 불과 수십 년 안에 동날 것입니다.

전 세계적으로 쉽게 캐낼 수 있는 고급 우라늄은 곧 고갈될 것입니다. 우라늄을 같은 양 추출하기 위해서는 점점 더 많은 암석을 발굴해야 합니다. 환경은 오염되고, 비용은 늘겠죠.

하지만 묻혀 있는 모든 우라늄 자원을 이용한다면, 현재 가동 중인 원자로 440기는 45년~80년 동안 돌아갈 겁니다. 핵발전소를 더 늘린다면, 현존하는 우라늄 자원은 매우 짧은 기간 내에 사라져 버릴 테고요.

10 우라늄 수송 ☢ 6불화우라늄과 관련된 사고는 심각한 재앙을 부를 수 있습니다.

독일 베스트팔렌Westfalen 지방 그로나우Gronau에 있는 우라늄 농축 시설은 6불화우라늄(UF6) 형태로 우라늄을 처리합니다. 매주 이렇게 독성이 강한 방사성물질이 기차나 트럭 또는 바지선에 실려 대도시와 교외를 지나 유럽 전역으로 운송됩니다.

사고로 불이 난다면 용기가 파손되면서 방사성물질이 환경을 오염시킬 겁니다. 습기가 닿게 되면 6불화우라늄은 매우 유독하고 부식성이 강한 불화수소산을 만들어 냅니다. 몇 킬로미터 안에 있는 인류와 환경에 치명적이죠.

11 플루토늄 수송 ⚛ **핵 연료봉을 생산하기 위해 매년 무기급 플루토늄 여러 톤이 유럽의 도로 위를 달립니다.**

많은 핵발전소들은 산화우라늄과 산화플루토늄 혼합물이 든 이른바 혼합핵연료Mixed Oxide Fuel, MOX를 사용합니다. 산화플루토늄은 주로 사용후핵연료를 재처리해 얻습니다. 플루토늄은 7킬로그램 남짓한 적은 양으로도 핵폭탄을 만들기에 충분합니다. 몇 마이크로그램이라도 들이마시게 되면 암을 일으킬 수 있죠.

매년, 플루토늄산화물 여러 톤이 트럭에 실려 고속도로를 지나 프랑스와 벨기에의 혼합핵연료 제조 시설로 옮겨집니다.

안전 기준과 건강 피해

12 암에 걸릴 위험성 ☢ **핵발전소는 아이들뿐 아니라 많은 이들을 병들게 합니다.**

핵발전소 가까이 사는 어린이일수록 암에 걸릴 위험이 더 큽니다.

독일 핵발전소 반경 5킬로미터 안에 사는 5세 미만 어린이가 암에 걸릴 확률은 전국 평균보다 60퍼센트 높습니다. 백혈병(혈액암)에 걸릴 확률은 심지어 2배나 높습니다.(즉, + 120 퍼센트) 방사선은 특히나 백혈병을 쉽게 일으킵니다.

미국에서 수집된 자료를 보면, 핵 시설 근처에 사는 성인도 암 환자 비율이 더 높습니다.

13 오염 물질 내보내기 ☢ **핵발전소는 방사성물질을 굴뚝과 물속으로 배출하고 있습니다.**

각 핵발전소에는 배기관과 배수관이 있죠. 트리튬(삼중수소), 탄소, 스트론튬, 요오드, 세슘, 플루토늄, 크립톤, 아르곤, 제논과 같은 방사성물질이 이곳을 통해 공기 중으로 흩어지고, 물과 땅을 오염시킵니다. 쌓이고 농축되어, 때로는 유기체로 흡수되기도 하죠. 방사성물질이 우리

몸속 세포로 들어가게 되면, 암이나 돌연변이를 일으킬 수 있습니다.

관계 당국은 이미 핵발전소 굴뚝이나 하수관으로 방사성물질을 내보내도 된다고 승인했습니다. 방사성 불활성 기체와 탄소 약 1천조 베크렐, 삼중수소 50조 베크렐, 공기 중에 떠다니는 방사성 입자 300억 베크렐, 방사성 요오드-131 근사치 100억 베크렐이 보통 각 핵발전소에서 최대치로 허용되고 있습니다.

이 규정을 잘 지키고 있는지 정기적으로 측정해 점검하는 일은 핵발전소를 운영하는 당사자들 몫입니다.

14 구멍 뚫린 안전 기준 ⚛ 방사선 안전 기준은 방사선 피해를 달갑게 받아들이고 있습니다.

심지어 오늘날에도 핵 시설의 방출 허용량은 언제나 젊고 건강한 남성인 가상의 '기준 남성'을 잣대로 산출합니다. 노인과 여성, 어린이, 유아 및 태아가 방사능에 훨씬 더 민감하게 반응한다는 사실을 완전히 무시하고 있습니다.

처음부터, 국제 및 국가 방사선 노출량 제한치는 누군가 방사선 장애를 입을 수밖에 없도록 계산된 것입니다. 이 한계치는 모두 '핵에너지 프로그램을 확대하기 위해 운신할 수 있는 합리적인 공간'을 확보하고자 마련한 것이기 때문입니다.

15 저선량 방사선 ⚛ **저선량 방사선도 공식 추정치보다는 더 위험합니다.**

매우 낮은 방사선량조차도 꾸준히 쬐게 되면 건강에 해롭습니다. 핵 시설에서 일하는 직원들을 조사한 여러 나라의 수많은 연구 결과들도 이를 입증하고 있습니다.

이러한 연구는 저선량 방사선이 드물게 사소한 손상을 일으키거나 전혀 해가 없거나 심지어는 긍정적인 영향을 끼친다는 식의, 자주 들어 왔던 가정을 반박합니다. 보수적이라고 하는 미국의 국립과학원National Academy of Science조차도 최근 저선량 방사능 누적치가 해롭다는 것을 확인했습니다. 이 연구 결과는 핵발전소 가까이에 사는 어린이들의 암 발병률이 증가하고 있는 까닭을 설명해 줍니다.

16 트리튬(삼중수소) ⚛ **핵발전소가 내어놓는 방사성폐기물은 심지어 유전자로도 침투합니다.**

핵 시설은 대기와 물로 엄청난 방사성 수소를 쏟아 냅니다.

인간과 동물, 식물들은 공기를 들이마시고 영양분을 섭취할 때 이 물질을 흡수하게 됩니다. 일반적인 수소나 물처럼, 삼중수소와 삼중수소수도 인간의 몸속 모든 장기로 들어갑니다. 심지어는 유전자에 직접 침투하기도 하는데 거기에서 나온 방사선이 질병과 돌연변이를 일으킵니다.

17 뜨거워지는 강 ⚛ 핵발전소가 쏟아 내는 뜨거운 폐수는 물고기가 숨 쉴 수 있는 산소를 빼앗습니다.

핵발전소는 주변을 돌아보지 않고, 에너지를 헤프게 써 버리는 낭비꾼이죠. 핵발전소가 쏟아 낸 뜨거운 폐수는 섭씨 33도까지 강물을 데웁니다. 그렇게 되면 물고기는 두 가지 이유로 숨을 쉴 수가 없습니다.

첫째, 뜨거운 강물은 차가운 물보다 산소가 적습니다. 둘째, 많은 식물과 작은 동물이 뜨거운 물 속에서 죽는데, 이들이 썩어 가며 산소를 더 써 버립니다. 그만큼을 살아 있는 물고기들이 마실 수 없게 되는 것이죠.

18 핵발전소 노동자들의 피폭 ⚛ 핵발전소에서는 수천 명에 이르는 비정규직 노동자들이 방사능에 오염된 갖가지를 처리하고 있습니다. 대부분 방사선으로부터 몸을 지키는 안전 조치가 충분하지 않죠.

이들은 용역 회사 소속으로, 늘 '방사능이 강력할' 때 부름을 받습니다. 수천 명의 비숙련 노동자들이 가장 오염된 핵발전소에서 청소, 오염 제거 및 수리 작업을 벌이고 있습니다. 1999년 독일 환경부는 이러한 '떠돌이 노동자'들이 핵발전소 정규직 노동자들보다 4배나 많은 피폭을 당하고 있다고 발표했습니다. 프랑스에서는 이들을 '방사능 먹이Strahlenfutter'라고 부릅니다.

이들은 뜯어져 먼지가 날리는 핵폐기물 자루와, 방사능을 뿜어내는 캐스크Cask 옆에서 커피를 마시고, 원자로 중심 부근에서 보호 장구도 없이 작업을 벌이고 있다고 증언합니다. 몇몇은 일을 시작하기 전에 아예 선량계를 내려놓습니다. 최대 피폭치에 도달하면 더 이상 통제구역에 들어갈 수 없기 때문입니다. 그들 중 일자리를 잃고 싶어 하는 사람은 없습니다.

19 경영진들의 자기방어 ☢ **핵발전소를 운영하는 전력 회사의 경영진들은 핵발전소에서 멀리 떨어진 곳에 살고 있습니다.**

독일 4대 전력회사는 업무상으로는 핵발전을 적극 찬성하고 있습니다. 하지만, 그 기업의 경영진들은 되도록 핵발전소에서 멀리 떨어진 곳에서 개인적인 삶을 꾸리고자 하죠. 바덴뷔르템베르크에너지회사EnBW의 한스페터 빌리스Hans-Peter Villis, 라인베스트팔렌전력회사RWE의 위르겐 그로스만Jürgen Grossmann, 바텐팔Vattenfall의 투오모 하타카Tuomo Hatakka 같은 이들은 모두 핵발전소에서 멀리 떨어진 곳에 삽니다.

+ 102 체르노빌 ☢ **체르노빌 사고로 수십만 명이 목숨을 잃었습니다.**

우크라이나의 체르노빌Chernobyl 핵발전소에서 전례 없는 사고가 일어난 뒤, 구소련은 재난 구호 및 정화 작업을 위해 80만 명에 이르는 '청소

부'를 현장에 배치했죠. 오늘날, 90퍼센트 이상이 장애인입니다. 핵발전소가 폭발한 지 20년 만에 1만 7천여 우크라이나 가정이 체르노빌 '청소부'였던 아버지가 사망하는 바람에 정부 지원을 받았습니다.

1990년에서 2000년 사이에 벨라루스의 암 발병률은 40퍼센트 늘었습니다. 세계보건기구WHO는 고멜Gomel 지역에 사는 5만 명 넘는 어린이들이 앞으로 갑상샘암을 앓게 될 것이라고 내다봤습니다. 사고가 일어난 뒤 유산과 조산, 사산이 급격히 늘었습니다. 핵발전소 근처에 살고 있던 35만 명은 영원히 고향을 떠나야 했습니다.

1천 킬로미터 떨어진 독일 바이에른Bayern 주에서도 방사능으로 인한 기형이 3천 건이나 보고되었습니다. 여러 유럽 국가들에서 영아 사망률도 높아져 사망자가 약 5천 명에 이른다는 추산도 나와 있습니다. 사고가 낳은 다른 결과들과 마찬가지로, 유전적 손상으로 미래 세대가 지게 될 부담은 헤아리기가 매우 어렵습니다. 한 가지 확실한 것은 1986년의 재앙은 아직 끝나지 않았다는 것입니다.

사고나 큰 재앙이 일어날 위험성

20 안전성 문제 ⚛ **오늘날 기준으로는 독일에 있는 핵발전소 17곳 가운데 한 군데도 운행 승인을 받을 수 있는 곳이 없습니다.**

원자로 격납 용기가 없거나, 전기 시스템이 낡았고, 강철은 쉽게 바스러집니다. 독일 핵발전소 가운데 안전과 보안 측면에서 헌법재판소가 요구하는 최첨단 기술을 적용하고 있는 곳은 1곳도 없습니다. 심지어 시설 개선에 수백만 유로를 쏟아부어도 이 상황을 해결할 수는 없죠.

새로 짓는 것이라고 가정한다면 독일의 17개 핵발전소 중에 가동 허가를 받을 수 있는 곳은 단 1곳도 없습니다. 안전에 큰 결함이 있기 때문입니다.

21 노후화 위험성 ⚛ **핵발전소는 시간이 흐를수록 사고 위험이 커집니다.**

장비와 전자 제품은 영원히 쓸 수는 없습니다. 핵발전소에선 더욱 그렇습니다. 파이프가 부서지기 시작하고, 제어장치가 더 이상 말을 듣지 않고, 밸브와 펌프가 제대로 작동하지 않습니다. 균열이 커지고 금속이 삭아 갑니다. 미국 오하이오Ohio 주의 데이비스베시Davis-Besse 핵발전소에서는, 16센티미터 두께의 원자로 압력 용기 강철에 가느다란 구멍이

뚫렸습니다. 원자로 안쪽 얇은 강철층이 누설을 막고 있었지요.

핵발전소가 오래 가동되다 보면 위험해집니다. 보고된 사고 통계도 이를 뒷받침합니다. 비브리스Biblis나 브룬스뷔텔Brunsbüttel처럼 낡은 원자로는 신형 원자로보다 훨씬 사고가 잦습니다.

22 보고 의무가 있는 사고와 고장 ☢ **3일에 1번은 독일 핵빌전소 어딘가에서 '안전성 관련' 사고나 고장이 일어납니다.**

해마다 연방방사선방호청Bundesamt für Strahlenschutz, BfS 사고 담당 부서는 독일 핵발전소에서 일어나는 사고 100건~200건과 핵 안전 관련 중요 사건을 기록합니다. 1965년 이래 총 6천 건 정도였죠. 매해, 이렇게 보고 의무가 있는 사건 가운데 일부는 커다란 사고를 일으킬 가능성이 있습니다. 몇몇 사고가 최악의 사고로 이어지지 않은 것은 순전히 우연한 행운 덕분입니다.

23 부족한 예비 부품 ☢ **핵발전소에서 기기를 고칠 때 걸핏하면 새로운 오류가 발생합니다.**

독일에서 현재 가동되고 있는 핵발전소는 1974년에서 1989년 사이에 문을 열었습니다. 많은 부품이 더 이상 나오지 않죠. 그런데 고장 난 부분을 고치려면 부품을 교체해야 합니다. 바꾸어 넣는 부품이 원래 부품과 정확히 같은 방식으로 작동하지 않으면 심각한 문제가 발생할 수 있어 너무나 위험한 상황입니다.

24 석기시대의 기술 ☢ 30년 전 기술은 폐기하는 것이 답입니다.

독일에서 가동되고 있는 핵발전소는 1970년에서 1982년 사이에 건설된 것입니다. 합리적인 사람이라면 1970년형 폭스바겐 411 같은 차가 여전히 '기술적으로 최신'이라고 주장할 수는 없겠죠. 그 사이에 충격 흡수 장치를 고치고, 브레이크를 갈고, 안전띠를 바꿔 달았더라도요. 누군가 1982년~1993년에 만든 코모도어 64 컴퓨터를 요즘 식으로 성능을 끌어올리고 싶다고 한대도 크게 비웃음을 살 겁니다.

오로지 핵발전소에서만이 모든 것이 아무런 문제가 되지 않습니다. 그곳 운영진들에 따르면 말이죠.

25 지진 ☢ 핵발전소는 지진 대책이 충분하지 않습니다.

프라이부르크Freiburg 근처의 프랑스 페세나임Fessenheim, 카를스루에 Karlsruhe 근처의 필립스부르크Philippsburg, 다름슈타트Darmstadt 근처의 비브리스. 이 핵발전소 3곳은 모두 독일에서 가장 지진 활동이 활발한 오베라인그라벤Oberrheingraben에 자리 잡고 있습니다. 그럼에도 독일의 다른 핵발전소들처럼 지진 보호 수준이 낮죠.

페세나임 핵발전소는 진원지가 적어도 30킬로미터는 떨어져 있어야 1356년 바젤Basel 시를 무너뜨린 것과 같은 지진에서 살아남을 수 있습니다. 그런데 지반을 움직이는 힘이 그 선을 지켜 줄까요?

비브리스 핵발전소는 1.5미터퍼세크제곱의 중력가속도를 견딜 수 있도록 설계되었습니다. 그러나 지진학자들은 만하임Mannheim과 다름슈타트 사이에서 더 거대한 지진이 일어날 수 있다고 경고합니다. 게다가 네카어베스트하임Neckarwestheim 핵발전소 아래 석회질 토양 속 지하수는 해마다 1천 세제곱미터나 되는 새로운 구멍을 뚫고 있죠.

26 비행기 추락 ⚛ **비행기가 핵발전소로 떨어진다면 핵발전소는 안전하지 않습니다.**

독일 핵발전소는 승객을 가득 태운 여객기가 추락해 부딪힌다면 그 충격을 견딜 수 없습니다. 독일 원자력안전협회Gesellschaft für Anlagen-und Reaktorsicherheit, GRS는 이러한 내용을 담은 비밀 보고서를 환경부에 제출했습니다.

원자로 7개는 콘크리트 벽이 너무 얇아 군용 제트기와 충돌하거나 철갑탄 공격을 받는 정도로도 엄청난 재앙이 일어날 수 있습니다.

27 벌써 균열하기 시작한 새 핵발전소 ⚛ **신형 원자로조차도 안전하지 않**

습니다.

프랑스의 핵발전 기업 아레바AREVA가 현재 핀란드와 프랑스에 건설하고 있는 매우 현대적인 유럽형 가압 경수로EPR도, 붕괴를 비롯해 아주 심각한 사고가 일어날 수 있습니다. 엄청난 방사성물질이 방출되겠죠. 핀란드, 영국 및 프랑스의 원자력 당국은, 원자로를 통제하는 제어장치가 심각한 비상 상황이 발생했을 때 안전하게 멈출 수 있는지를 살핀 뒤, 매우 위험하다며 공동으로 반대 의견을 냈습니다.

이는 엄청나게 안전하다는 새 원자로가 단순한 비행기 추락에도 위험할 수 있다는 말입니다. 프랑스 정부는 공사를 중단하는 대신, 위험하다고 하는 전문가 감정서를 군사 기밀로 봉인했습니다.

28 턱없는 보험 보장 ⚛ **원자로 1기 보상액보다 자동차 50대 보험 보상액이 더 많습니다.**

독일 핵발전소에서 핵 재난이 벌어진다면 건강 피해와 재산 및 금전 손실이 2.5조~5.5조 유로(2,787조 5,225억 원~6,132조 5,497억 원)에 이를 것입니다. 1992년, 보수적인 자민당이 장관을 맡고 있던 독일 경제부 주관으로 프로그노스 연구소Prognos AG가 계산한 결과죠.

독일의 모든 핵발전소 운영자가 들어 놓은 책임보험은 보장액이 총 25억 유로(3조 8,689억 원)로, 예상되는 피해액의 0.1퍼센트에 지나지 않는 돈입니다. 핵발전소 주차장에 있는 차량 50대가 핵발전소보다 더 안전합니다!

29 대재앙 가능성 ☢ 엄청난 재앙은 오늘도 일어날 수 있습니다.

〈독일 핵발전소 위험성 연구 B단계Deutsche Risikostudie Kernkraftwerke Phase B〉는 1989년 서독의 핵발전소에서 기술적 결함으로 최악의 상황이 벌어질 가능성이 연간 0.003퍼센트라고 언급했습니다. 언뜻 보면 작은 위험인 것처럼 보입니다. 그러나 유럽연합EU 안에만 2007년 말 기준으로 원자로 146기가 가동되고 있습니다. 가동 기간을 각각 40년으로 놓으면 파국적 대재앙이 벌어질 위험성은 16퍼센트가 넘습니다. 원자로 노후화로 많은 사고 가능성과 위험한 결함이 존재하지만 이는 고려하지 않았습니다. 또한 체르노빌이나 스리마일Three Mile 섬의 해리스버그Harrisburg처럼 사람의 실수로 발생할 수 있는 사고 가능성도 포함되지 않았습니다.

30 낮은 안전성 순위 ☢ 독일 핵발전소의 안전성은 국제적으로 보아도 낮습니다.

독일의 핵발전소는 "전 세계에서 가장 안전한 편"이라고요?

그건 틀렸죠! 1997년 경제협력개발기구OECD가 원자력 안전에 관한 보고서를 발표했는데, 독일의 표본 발전소 비브리스B는 핵융합 보호 수준 항목에서 최악으로 평가받았습니다. 전문가들은 특히 수소 폭발 가능성이 높다고 보았고, 강철로 된 원자로 격납 용기가 매우 불안정하다는 것을 발견했습니다. 비브리스B는 "노심용융 시 방사성물질이 대량으로 확산될 위험성이 월등히 높다."고 합니다.

31 악천후 ⚛ 악천후로도 파국을 맞이할 수 있습니다.

핵발전소는 정전, 그러니까 바깥에서 전원이 끊기는 상황이 가장 위험합니다. 비상 전원이 제대로 작동하지 않는다면, 냉각장치는 멈추고, 노심용융이라는 위기 상황이 다가옵니다. 그저 날씨가 좀 좋지 않은 것만으로도 충분히 이러한 상황을 맞닥뜨릴 수 있습니다.

1977년에서 2004년 사이에 서독 핵발전소에서는 중요한 제어 시스템이 낙뢰나 폭풍으로 정지되고, 외부 전원이 끊기는 긴급 사태가 8차례나 발생했습니다. 1977년 1월 13일에 군트레밍겐A Gundremmingen A 원자로에서는 복구 불가능한 장애가 일어나기도 했습니다. 홍수가 나도 위험하죠. 대서양 연안에 있는 프랑스의 블라예Blayais 핵발전소는 홍수로 일부 냉각장치가 자주 멈춥니다.

32 안전보다 돈 ⚛ 폭발 사고가 난 뒤라도, 비용이냐 안전이냐를 선택해

야 한다면 핵발전소에서는 안전보다 이익이 먼저입니다.

2002년 초 감사관들이 새파랗게 질린 얼굴로 브룬스뷔텔 핵발전소를 나섭니다. 이들은 원자로 압력 용기 바로 옆에 있는 배관을 점검했죠. 배관이라기보다는 25개로 쪼개진 잔해였지만요. 2001년 12월 14일, 수소 폭발 사고로 두께 5mm~8mm짜리 파이프 3개가 산산조각 났습니다.

그때 핵발전소를 운영하던 함부르크전력회사HEW(지금의 바텐팔)는 그 배관을 막고 "노화로 패킹이 닳아 일어난 누출"이라고 보고하고는 원자로를 계속 작동시켰습니다. 전력 수요가 큰 겨울이라 전력 시장에서 전기 가격이 최고로 치솟았기 때문입니다. 핵발전소를 관리·감독하는 주 정부 사회복지건강부가 강하게 압박해 함부르크전력회사는 2002년 2월 중순 처음으로 핵발전소 가동을 중단하고 안전 검사를 받았습니다. 브룬스뷔텔 핵발전소는 그 뒤로 13개월 동안 가동을 멈춰야 했습니다.

33 치명적 실수 ⚛ **사람은 실수를 하죠. 핵발전소에서는 이것이 치명적입니다.**

밸브를 잘못 여닫고, 경고 신호를 놓치고, 스위치를 켜는 걸 잊어버리고, 명령을 오인해 잘못 대처하고……, 이렇게 기술과 장비가 아니라 사람이 핵발전소에서 극히 위험한 상황을 일으키는 수십 가지 사례가 있습니다. '사람이 저지르는 실수의 위험성'은 계산할 수가 없습니다.

그러나 사고가 일어난다면, 이들 즉, 핵발전소에서 일하는 사람들은 노심용융을 막기 위해 평상시와는 전혀 다른, 매우 중요한 비상조치를 취해야 합니다. 핵발전은 완벽한 사람이 필요합니다. 하지만 그러한 사람은 없죠. 특히 핵발전소 사고처럼 극심한 압박감에 시달리는 상황에서는 더욱 그렇습니다.

34 붕산 ☢ 핵발전소 운영자들은 오랫동안 조직적으로 가동 법령을 어겨왔습니다.

필립스부르크 핵발전소는 사고가 났을 때 원자로 중심부로 물이 흘러들 수 있도록 마련해 놓은 비상 탱크에 붕소를 충분히 넣지 않고 17년 동안 가동해 왔습니다. 비상시에 노심에 쏟아붓는 물에 붕소가 부족하게 되면 "불에 기름을 쏟아붓는" 것 같은 효과를 불러일으킵니다.

운영자들은 조금도 신경 쓰지 않았습니다. 오히려 그들은 운영 지침에 명시된 절차를 계획적으로 무시했죠. 몇 년 동안 다른 핵발전소에서도 붕소 농도가 옅어 비상 냉각 시스템이 제대로 작동하지 않았다는 조사 결과가 나왔습니다.

35 난잡한 배선 ⚛ **핵발전소에서 전기 계통 문제는 늘 있는 일이죠. 그것이 심각한 결과로 이어질 수도 있습니다.**

2006년 여름, 유럽은 자칫하면 대재앙을 맞이할 뻔했습니다. 스웨덴 포스마크Forsmark 핵발전소에서 배선 설계의 구조적 문제로 합선과 정전이 일어났는데, 비상 전원 공급 장치가 켜지지 않았거든요. 불과 몇 분 뒤면 노심용융이 시작될 터였습니다. 이러한 일은 전혀 특별하지 않습니다. 브룬스뷔텔 핵발전소에서는 1976년 시운전을 시작한 이래 전기 시스템 결함이 계속돼, 비상 및 2차 냉각 시스템에 비상 전원을 충분히 공급하지 못했습니다. 비브리스 핵발전소에서도 같은 실수와, 엉터리로 시공된 배선들에 대한 보고서가 올라왔습니다.

36 체르노빌보다 끔찍한 사고 ⚛ **독일 핵발전소에서 커다란 사고가 일어난다면 그 피해는 체르노빌보다 심각할 겁니다.**

독일의 핵발전소는 체르노빌처럼 원자로 속에 불길을 잡을 수 있는 흑연이 없습니다. 그래서 원자로가 폭발하더라도 방사능구름은 대기층으로 높이 올라가지 않을 겁니다. 하지만 방사성오염은 둘레 수백 킬로미터 안에서 엄청나게 증가하겠죠. 독일의 라인메인Rhine-Main 지역은 체르노빌 주변 지역보다 인구밀도가 7배나 더 높습니다. 훨씬 더 많은 이들이 체르노빌보다 높은 방사선량에 노출돼 해를 입게 될 것입니다.

37 암 환자 수백만 명 ☢ **독일 핵발전소에서 최악의 사고가 일어난다면 수백만 명이 아주 심각한 건강 피해를 입게 될 것입니다.**

독일 연방 경제부는 체르노빌 사고 경험에 비추어 독일에서 중대한 핵발전소 사고가 일어난다면 어떤 건강 피해가 예상되는지 추산하는 연구를 의뢰했습니다. 비브리스 핵발전소에서 최악의 사고가 일어난다면 암 환자는 480만 명이 늘 것이고, 방사선 피폭이나 피난살이, 고향 상실로 직·간접 건강 피해가 뒤따를 것이라고 합니다.

38 사람이 살 수 없는 땅 ☢ **엄청난 핵 재앙이 일어난다면 수만 제곱킬로미터 안에 사람은 영원히 살 수 없게 됩니다.**

독일 핵발전소에서 핵 재난이 발생한다면 수백만 명이 더는 집, 아파트, 회사로 돌아갈 수 없습니다. 그들은 어디에서 생활하고, 일하고, 자야 하나요? 누가 그들의 건강을 돌볼까요? 피해를 입은 사람들한테 누가 보상하지요? 전력 회사는 확실히 아닙니다. 그들은 오래전에 파산했을 테니까요.

39 엉성한 대피 계획 ☢ **몇 시간 만에 어떤 지역 전체를 대피시키기란 불가능합니다.**

핵발전소 재난 관리 계획은 핵발전소 운영자들이 사고가 벌어진 뒤에 방사성구름을 원자로 내부에 며칠, 그러니까 사람들을 대피시킬 동안 가둬 놓을 수 있다고 가정합니다.

그런데 비행기나, 지진 또는 폭탄이 핵발전소를 파괴하게 되면 어떻게 될까요? 크륌멜Krümmel에서처럼 격납 용기가 몇 분 만에 녹아 버리면 어떻게 될까요? 만약 이런 상황이라면 날씨 나름이지만 지역 주민들을 몇 시간 안에 모두 대피시켜야 합니다.

신형 확산 예측 시스템을 돌려 보니 사고 현장에서 25킬로미터 떨어진 곳조차 방사선 피폭량이 엄청나, 사고가 터지고 집 안에 고작 몇 시간만 머무른다 해도 절반이 사망하는 것으로 나타났습니다. 방사능구름은 25킬로미터에서 멈추지 않겠지만, 핵발전소에서 더 멀리 떨어진 다른 지역들에 대한 대피 계획은 없습니다.

40 요오드 결핍증 ☢ 요오드제는 늘 갖추고 있어야 합니다. 막상 사고가 난 뒤에 사러 나가야 한다면 그건 쓸모가 없죠.

핵발전소에서 사고가 터지면 요오드제는 방사성 요오드 피폭을 줄여 주지만, 핵발전소에서 아주 가까운 집들에만 배포해 왔습니다. 다른 지역은 요오드제가 시청에 보관되어 있거나 사고가 나면 비행기로 날라야 합니다. 비상 대응 계획에 따르자면 사람들은 사고가 난 뒤에는 집 밖으로 나와서는 안 되기 때문에 요오드제를 받기란 어렵겠죠.

41 경제 붕괴 ⚛ **핵발전소 사고는 나라 경제를 무너뜨릴 것입니다.**

독일 같은 나라에서 핵발전소 사고가 발생한다면 2.5조~5.5조 유로에 이르는 경제 손실이 예상됩니다. 이것은 20년도 더 전에 독일 경제부가 프로그노스 연구소에 맡긴 연구에서 산출된 금액입니다. 인플레이션을 고려한다면 지금은 총액이 훌쩍 커졌겠죠.

세계 경제 대국 20개국이 채택한 경기 부양책과 비교해 볼까요? 최근 겪고 있는 경제 위기를 풀어 나가기 위해 책정된 돈은 모두 3.5조 유로입니다.

+ 103 노심 속 털 쪼가리 ⚛ **단열재에서 떨어져 나온 털 부스러기가 원자로의 냉각 배관을 막을 수 있습니다.**

1992년 7월 28일 스웨덴 바세백Barsebäck 핵발전소에서 일어난 조그만 유출이 자칫하면 핵 재앙으로 이어질 뻔했습니다. 물이 새 떨어져 나온 단열재가, 냉각수를 순환시키는 원자로 배관 안쪽 여과망에 걸려 배관을 막았기 때문입니다.

이 '배수조 여과망sump screen 문제'는 다른 원자로에서도 비상사태가 일어났을 때 핵심 냉각장치를 먹통으로 만들 수 있다는 것이 밝혀졌습니다. 실험 결과 더욱 당황스러운 결과가 나왔죠. 아주 가느다란 섬유는 여과망을 통해 원자로 중심부로 들어가, 얇은 냉각 배관을 막는 부스러기 층을 이루기도 합니다.

2008년 말, 독일 원자력안전협회는 이 문제를 해결하기 위해 여러 해 동안 애썼지만 성공하지 못했다고 선언했습니다. 이러한 상황이지만, 모든 핵발전소는 여전히 전력을 공급하고 있습니다.

+ 104 조개와 식물 이파리 ⚛ 조그만 식물 부스러기도 노심용융을 일으킬 수 있습니다.

2009년 말 프랑스 알자스Alsace 지방에 있는 페세나임 핵발전소는 냉각 시스템이 '일부 막혀' 비상 정지했습니다. 라인Rhein 강에서 유입된 식물 부스러기들이 냉각 회로의 배관 깊숙이 들어갔기 때문입니다. 원자력 안전 당국은 긴급 대책 본부를 설치했습니다. 얼마 전 론Rhône 강에서 유입된 부스러기들도 크루아스Cruas 핵발전소의 냉각장치를 마비시켰거든요.

더 성가신 것은 재첩입니다. 동아시아에서 들어왔는데, 중유럽 강에서 빠르게 퍼져 나가고 있죠. 새끼 재첩은 어떤 여과망도 다 통과합니다. 스위스 핵발전소 운영자들은 고압 세척기를 씁니다.

미국에서는 이미 1980년에 조개류 때문에 원자로 1기가 폐쇄되었습니다.

+ 105 엉터리 공사 ⚛ 핀란드 핵발전소 건설 현장 상황은 공사 중에 지반이 무너진 독일 쾰른Köln 지하철 공사 때보다도 더 심각합니다.

60개국 4,300명의 노동자들이 핀란드 올킬루오토Olkiluoto 건설 현장에서 유럽형 가압 경수로EPR 원형을 만들기 위해 애쓰고 있습니다. 현장 상황은 끔찍하죠. 보강재로 쓰이는 철근 일부를 빼놓고 콘크리트를 붓거나, 작업 지시를 내려야 하는 현장 감독과 온갖 나라에서 온 노동자들이 서로 말이 안 통하거나, 용접 부위가 떨어지거나, 현장 감독이 문제 있는 부분을 콘크리트로 채워 가리라는 지시를 내립니다. 게다가 하루 16시간 노동, 너무 싼 임금, 고용과 해고가 반복되는 진정한 '노예 원자로'입니다.

지금까지 핀란드 원자력 안전 당국은 기초 공사에 질 낮은 콘크리트가 쓰인 것에서부터 냉각 시스템 배관이 엉터리로 용접된 것에 이르기까지 3천 건이 넘는 시공 결함을 확인했습니다.

+ 106 급격히 커지는 균열 ⚛ 누구 하나 알아채지 못하는 사이 핵발전소의 중요한 배관에 균열이 생기고 있습니다.

배관, 탱크, 용기, 용접부 및 부품 따위에 균열이 일어나 뷔르가센Würgassen 핵발전소는 폐쇄되었고, 슈타데Stade 핵발전소는 서둘러 폐쇄하기로 했습니다. 크림멜과 브룬스뷔텔 발전소에서는 원자로 가동이 몇 해째 중단되었습니다.

지난 수십 년 동안, 전문가들은 다양한 강철 등급이 균열에 강하다고 주장했지만, 그러한 가정은 모두 들어맞지 않았습니다. 이 문제의 진실은 아주 작은 균열조차도 급격하게 커져, 배관이 터지고 새는 위험을 부를 수 있다는 것입니다. 노심용융, 그러니까 원자로 중심이 붕괴할 수 있는 최상의 조건이죠.

더욱 불안한 건 이러한 균열이 대부분 크륌멜 핵발전소에서처럼 원자로가 장기간 멈췄을 때 아주 우연히 발견된다는 사실입니다. 원자로가 정상 작동되는 동안에는 더 철저하게 점검을 벌일 시간이 없거든요.

+ 107 추가 안전 대책 ☢ **유력 보수 정당인 기민당조차 내부에서는 낡은 핵발전소를 안전하게 만들 추가 대책은 실현이 불가능하다는 것을 인정하고 있습니다.**

2009년 독일 연방 의회 선거가 끝난 3일 뒤, 기민당 소속 헤센Hessen 주 주지사 롤란트 코흐Roland Koch와 바덴뷔르템베르크Baden-Württemberg 주 주지사 귄터 외팅어Günther Oettinger는 기민당기독교민주연합, CDU과 기사당기독교사회당, CSU 상부에 〈핵에너지 전략과 발전에 관한 보고서 Strategie-und Schrittfolge Papier Kernenergie〉를 제출했습니다. 핵발전소를 장기 가동하는 길을 닦기 위한 논문이었죠. 그런데 낡은 원자로의 '안전 성능 차이', 즉 결함을 지적하면서 막대한 비용을 들여도 이 문제를 해결할 수 없다고 분명하게 쓰고 있습니다. 더 정확히는 "기존 핵발전소 설계가 추가 안전 대책을 가로막고 있다."고 적고 있습니다.

핵폐기물과 처리

42 핵폐기물 산 ⚛ **핵발전은 엄청난 핵폐기물을 낳습니다.**

지금까지 독일 핵발전소에서만 약 1만 2,500톤의 고준위 방사성폐기물(사용후핵연료)이 나왔습니다. 해마다 500톤 가량이 늘고 있죠. 수천 세제곱미터나 되는 중·저준위 방사성폐기물도 빼놓을 수 없습니다. 여기에는 본래 대기 중으로, 물속으로 방출된 폐기물도 더해야 합니다. 재처리 공장에서 나온 폐기물, 우라늄 광산에서 나온 폐기물, 우라늄 농축 시설에서 나온 열화우라늄도 있지요. 핵발전소도 그 자체로 쓰레기입니다. 이것도 언젠가는 '처리'해야 하거든요.

43 '처리'라고 부르는 거짓말 ⚛ **핵폐기물은 여태 단 1그램도 무해하게 처리되지 않았습니다.**

1950년대에는 전문가라는 사람들이 누가 핵폐기물에 관한 비판적인 질문을 던지면 핵폐기물을 '식품을 오랫동안 신선하게 보관'하는 데 쓸 수 있을 것이다, 이런 얘기로 무마해 왔습니다. 이들은 핵폐기물 처리 문제를 걱정하지 않고 잇따라 원자로를 건설했죠. 지금까지, 그 많은 방사성폐기물 가운데 단 1그램도 안전하게 처리되지 않았습니다. 법적으로는, 안전한 핵폐기물 처리가 보장되지 않는 한 독일에서 핵발전소를 운영할 수 없습니다. 하지만 물이 새 붕괴 위험에 처한 아세II Asse II 핵폐기물 처리장, 소금 광산 조사 작업을 벌이고 있는 고어레벤Gorleben, 바커스도르프Wackersdorf에 짓기로 한 재처리 시설, 다른 나라의 핵폐기물 처리장, 사용후핵연료를 캐스크에 담아 지상 격납고에서 보관하는 '중간 저장 시설' 따위를 '폐기물 처리 증명'으로 제시하며 그동안 핵발전소를 운영해 왔던 거죠.

44 해결되지 않은 기술 ☢ 고준위 방사성폐기물을 최종 처리하는 일은 기술적으로 아직 해결되지 않았습니다.

핵분열이 발견된 지 70년이 지난 지금까지도, 핵폐기물을 처리할 수 있는 장소를 마련하는 일뿐만 아니라, 고준위 방사성폐기물을 사람이나 환경에 해롭지 않도록 보관할 방법을 찾지 못했습니다.

핵 로비스트들 이야기와는 달리, 핵폐기물 최종 처리장에서 일어날 수 있는 숱한 안전 문제들은 아직도 해결되지 않았습니다. 예를 들어, 미국은 최근 인간의 건강과 환경에 심각한 위험을 끼칠 수 있다는 까닭을 들어, 유카Yucca 산맥에 핵폐기물 처리장을 건설하지 않기로 했습니다. 화강암층에 핵폐기물을 저장하려는 스웨덴의 구상도 곧 폐기될 예정입니다.(61번 참고) 고어레벤의 소금 광산은 주요 부분 위로 지하수가 흐릅니다. 아세II에 지하수가 새 들어와 폐기물을 보관하던 통이 삭으면서 처리장이 폐쇄된 경험 덕분에, 고어레벤은 최종 처리장으로 '적합'한지를 더 이상 논의할 수 없게 됐죠.

45 100만 년에 걸친 위험 ☢ 핵폐기물은 100만 년에 걸친 방사능 위협입니다.

핵발전소에서 내놓은 방사성폐기물의 방사능이 어느 정도 줄어들려면 100만 년쯤 걸립니다. 이 놀랍도록 긴 시간 동안 핵폐기물은 인간과 생물권에서 격리되어 있어야 하죠.

만약 3만 년 전 네안데르탈인이 핵발전을 해 폐기물을 땅속 어딘가에 묻었다면 그 핵폐기물은 오늘날에도 치명적인 방사선을 내뿜고 있을 것입니다. 우리는 땅을 팔 때마다 어떤 상황에서도 파서는 안 되는 곳을 알고 있어야 할 테고요.

46 아세II 핵폐기물 처리장 ☢ 아세 핵폐기물 시범 처리장은 20년 만에 물에 잠기고 있습니다.

핵발전 업계와 연구자들은 1967년에서 1978년 사이에 저준위 방사성폐기물이 담긴 드럼통 12만 6천 개를 '시범 처리장' 아세II에 헐값으로 버렸습니다. 전문가들은 이 소금 광산 부지가 수천 년은 안전하다고 단언했죠. 침수 가능성은 없다고요.

20년이 지난 지금은 매일 1만 2천 리터나 되는 물이 이 갱도로 흘러듭니다. 드럼통 몇 개는 새고 있고, 소금 광산은 무너지려고 합니다.

대규모 지하수 오염을 피하려면 지금까지 투입한 모든 폐기물을 다시 꺼내야 합니다. 최대 40억 유로(6조 2,424억 원)에 이르는 이 비용은 핵폐기물을 버린 핵발전 사업자가 아니라 납세자가 떠안게 됩니다. 기민당과 사민당 연립 정부는 그럴 수 있도록 원자력법을 개정했습니다.

아세II 처리장은 고어레벤의 소금 광산을 고준위 방사성폐기물 최종 처리장으로 활용하기 위한 공식 '시범 사업'이었습니다.

47 안전한 최종 처리장은 없다 ✦ **세계 어디를 찾아 봐도 안전한 고준위 방사성폐기물 최종 처리장은 없습니다.**

핵폐기물 최종 처리장은 지극히 오랜 기간 동안 지질학적으로 안정된 곳이어야 합니다. 저장된 폐기물이나 용기와 화학적으로 반응하는 환경이어서도 안 되죠.

생물권을 비롯해 언젠가 캐내 쓸지도 모르는 원자재와 인간에게 영향을 미칠 수 없도록 멀리 떨어진 부지여야 합니다. 그 지역의 물이 바다로 나가지도 않아야 하고요.

아무도 전 세계에서 그러한 장소를 찾지 못했습니다. 원래 그런 장소가 있는지조차 의문입니다.

48 우리 동네엔 안 돼! ⚛ 누구도 핵폐기물을 환영하지 않습니다.

2005년부터 사용후핵연료는 캐스크에 담아 핵발전소 부지 안에 보관하고 있습니다. 북쪽 브룬스뷔텔에서 이자르Isar 발전소가 있는 남쪽 오후Ohu에 이르기까지, 독일 전역에서 핵발전을 추진하는 세력들은 덕분에 난처해졌지요. 이들은 어떤 상황에서도 핵폐기물을 자신들이 사는 곳 가까이에 두어서는 안 된다고 요구합니다. 하지만 지역사회에 반가운 현금을 보태 주는 발전소만큼은 무슨 일이 있어도 계속 가동해야 한다는 거죠.

바이에른 주의 보수 양당 가운데 하나인 기사당 또한 핵발전을 적극 찬성하면서도, 바이에른 주 가까이에 폐기물을 두는 건 반대합니다. 이들은 최종 처리장 후보지를 두고서도 다른 부지를 찾지 않는다면 "독일 전역에 불을 지를 것"이라고 경고하고 있습니다.

49 캐스크 속임수 ⚛ 핵폐기물 용기는 충분한 검사를 거치지 않습니다.

사용후핵연료를 실어 나르는 캐스크는 안전하다고 알려져 있습니다. 그러나 모든 모델이 실제 검사를 거친 것은 아니죠. 종종 더 작은 샘플을 떨어뜨리거나 태웁니다. 그것도 아니라면, 모의실험으로 대신하고요.

때로는 2008년 봄 새로 출시한 캐스크 시리즈처럼 시험 결과를 조작하기도 합니다. 이 제조자는 시험 측정치와 이론값이 더 잘 들어맞도록 '마음대로 고른 매개변수'를 써서 핵폐기물 용기를 시험했습니다. 연방재료연구및시험연구소Bundesamt für Materialforschung, BAM조차도 이 검사가 도를 넘어섰다고 판단해 승인을 보류하는 바람에 2009년에는 카스토르 수송Castortransport이 이루어지지 않았습니다.

50 재처리라는 거짓말 ǀ ☢ 사용후핵연료 재처리는 핵폐기물을 처리하며 더 많은 핵폐기물을 만들어 냅니다.

재처리 공장이라고 하면 마치 재활용 시설처럼 들리죠. 그런데 실제로는 사용후핵연료 가운데 약 1퍼센트만이 새 연료 요소인 플루토늄으로 추출됩니다. 그러니 재처리한 다음 처리 전보다 많은 핵폐기물이 나오게 되죠. 그래서 프랑스에서는 재처리 공장을 '플루토늄 공장usine plutonium'이라고 솔직하게 부릅니다.

나아가 재처리 공장은 세계 최대 규모의 방사성물질 확산 장치이기도 합니다. 재처리 공장에서 나온 플루토늄을 섞은 혼합핵연료는 제조와 수송뿐 아니라 핵발전소에서 쓸 때도 천연 우라늄 연료보다 훨씬 위험합니다. '플루토늄 공장'은 핵폭탄 원료를 공급하기도 하죠.

51 해변의 핵폐기물 ⚛️ 재처리 공장은 방사성물질 오염원입니다.

프랑스 라아그La Hague와 영국 세라필드Sellafield의 재처리 공장은 엄청난 방사성물질을 대기 중이나 영국해협, 아일랜드해로 내보냅니다. 주변에 사는 젊은이들의 백혈병 발병률이 국가 평균보다 10배 이상 높죠.

그린피스Greenpeace는 몇 년 전 세라필드 재처리 공장 배수관 부근에서 몇 가지 진흙 샘플을 채취했습니다. 하지만 돌아오는 길에 모두 독일 당국에 압수되었죠. 핵폐기물이라는 이유로요.

52 재처리라는 거짓말 II ⚛️ 프랑스와 영국의 재처리 공장에는 여태 독일에서 들여온 엄청난 핵폐기물이 보관되어 있습니다.

지난 수십 년 동안 독일 핵발전소 운영자들은 사용후핵연료 수천 통을 라아그와 세라필드 재처리 공장으로 보냈습니다. 이 핵폐기물 가운데 극히 일부만이 카스토르 수송을 거쳐 독일로 돌아왔습니다. 나머지는 여전히 해외에 남아 있습니다.

53 몰스레벤의 핵폐기물 산 ⚛️ 옛 서독 핵발전 회사들은 핵폐기물을 옛 동독 처리장에 거리낌 없이 버렸습니다.

1980년대 말, 서독 핵발전소에는 핵폐기물이 담긴 드럼통이 쌓인 산이 있었습니다. 다행히도 독일이 통일되었고, 앙겔라 메르켈Angela Merkel 현 독일 총리가 환경부 장관 자격으로 그 자리에 모습을 드러냈습니다. 그는 담당 기관을 맡고 있는 발터 홀레펠더Walter Hohlefelder, 게랄트 헤넨 회퍼Gerald Hennenhöfer와 함께 핵발전 회사들이 방사성폐기물을 터무니없이 싼값으로 옛 동독 몰스레벤Morsleben 최종 처리장에 버릴 수 있도록 허가를 내주었죠. 이 시설은 지금 붕괴 직전이라, 보수 작업에만 20억 유로(3조 1,212억 원)가 넘는 돈이 들 것으로 보입니다. 다 세금으로 말이죠.

환경부 장관이었던 메르켈은 독일 총리가 되었고, 홀레펠더는 에온 회장으로 취임한 뒤 핵발전 업계 로비 기관인 독일원자력포럼Deutsches Atomforum 회장으로 임명되었습니다. 헤넨회퍼는 2009년 말부터, 연방원자력기구Bundesatomaufsicht 책임자로 일하고 있습니다.

54 샤흐트 콘라트 핵폐기장 ⚛ 잘츠기터 시 바로 아래에, 플루토늄 865킬로그램이 저장될 예정입니다.

방사선방호청은 독성이 강한 플루토늄 865킬로그램을 포함해 30만 세제곱미터가 넘는 저준위 핵폐기물을 잘츠기터Salzgitter 시 아래, 옛 철광석 광산 '샤흐트 콘라트Schacht Konrad'에 버릴 계획입니다.

샤흐트 콘라트를 최종 처리장으로 사용하겠다는 결정은 늘 정치적인 것이었죠. 뚜렷한 기준을 마련해 다양한 지역을 견주어 본 결과가 아닙니다. 핵발전 산업의 눈으로 보자면, 콘라트는 엄청나게 큰 수직 갱도가 있어 부피가 큰 핵폐기물도 수용할 수 있기 때문에 특히 매력적인 장소거든요.

샤흐트 콘라트가 장기적으로 안전한지는 대개 이론적 가정에 기대 추측한 것입니다. 모의실험은 과학적으로 더 이상 타당하지 않은 구식 방법으로 진행되었습니다.

55 중간 저장 시설 ☢ **감자 저장고보다는 좀 나은 창고에 고준위 방사성 폐기물이 들어 있습니다.**

캐스크 속 핵폐기물은 강한 방사선을 뿜어내고 있어 용기 바깥쪽이 매우 뜨겁습니다.

그래서 고어레벤, 아하우스Ahaus, 루브민Lubmin, 그리고 핵발전소 내부의 중간 저장 시설에는 큰 환기구를 내어 바깥 공기가 캐스크를 식힐 수 있도록 하고 있죠. 만약 캐스크 하나라도 균열이 생긴다면, 방사성물질이 밖으로 나가는 것을 막을 길이 없습니다.

56 방사능을 내뿜는 캐스크 ☢ **캐스크는 방사능을 방출합니다.**

2008년 가을 카스토르 수송 기간 동안 환경보호 단체들은 핵폐기물 캐스크를 싣고 지나가는 열차에서 경보가 울릴 정도의 방사선치를 검출했습니다. 그러나 당국은 캐스크를 트럭으로 옮겨 실으면서도 점검 및 방사능 측정을 하지 않았습니다. 방사능 측정기를 하나도 준비하지 않았거든요. 중간 저장 시설을 운영하는 원자력서비스협회Gesellschaft für Nuklear-Service mbH, GNS는 "직원들을 군이 방사선에 노출시키고 싶지 않았다."고 말했습니다.

57 40년짜리 캐스크 ⚛ 핵폐기물이 담긴 캐스크는 공식적으로 40년 버틴다고 합니다.

법적으로 핵발전소는 핵폐기물을 안전하게 처리할 수 있다는 것이 확인될 때만 가동할 수 있습니다. 그러나 핵폐기물은 100만 년에 걸쳐 방사선을 내뿜죠. 핵폐기물이 내뿜는 방사선이 바깥으로 나오지 않도록 막고 있는 캐스크는 수명이 40년 남짓밖에 안 됩니다. 그런데 공식적으로는 이게 아무 문제가 없죠.

58 입막음당한 전문가들 ⚛ 고어레벤을 최종 처리장으로 만들기 위해 독일 정부는 지질학자들의 입을 막았습니다.

당시 최종 처리장에 관한 최고 전문가 헬무트 뢰테마이어Helmut Röthemeyer 교수는 1983년 몇 차례 암반 시추 조사를 거치며, 고어레벤 소금 광산 위로 빙하 수로가 지나기 때문에 "오염 물질을 생물권에서 오랜 시간 동안 격리하는 것"이 불가능하다고 결론지었습니다. 그와 동료들은 다른 후보지를 더 찾으라고 권했죠.

그런데 기민당과 자민당 연립 정부가 압력을 행사해 이 권고안을 삭제했습니다. 심지어 오늘날까지도 기민당과 자민당, 그리고 핵 로비스트들은 고어레벤 소금 광산 부지가 최종 처리장에 적합하다고 주장하고 있습니다.

59 고어레벤의 물 ☢ 고어레벤 소금 광산에서도 지하수가 샙니다.

한때 시범 최종 처리장이었던 아세II의 핵폐기물 캐스크에만 물이 새 들어가는 건 아닙니다. 고어레벤 소금 광산도 축축하죠. 노동자들이 고어레벤 '갱도 탐사' 공사를 벌이는 동안, 지하수와 소금물이 몇 차례 새어 나왔습니다. 지질학및천연자원연구소Bundesanstalt für Geowissenschaften und Rohstoffe는 그곳에서 100만 세제곱미터에 이르는 소금물을 찾아냈습니다.

암염층 위를 덮고 있는 점토층이 없다는 건 소금이 지하수와 직접 닿는다는 얘기죠. 암염층 위로 모래와 자갈이 많은 깊이 300미터짜리 고어레벤 수로가 지나갑니다. 다행히도 아세II와는 달리 아직 고어레벤에는 핵폐기물을 버리지 못했습니다. 주민들이 거세게 맞섰거든요.

60 최종 처리장을 파괴하는 핵폐기물 ☢ 방사선은 암염을 바스러뜨립니다.

방사선은 소금기가 있는 암석을 무르게 만들죠. 그로닝겐 대학 Rijksuniversiteit Groningen의 하인리히 덴 하르토크Henry Den Hartog 교수가 이를 입증했습니다. 계획대로 고어레벤의 암염층 위에 핵폐기물 최종 처리장이 들어선다면, 커다란 재앙을 맞닥뜨릴 수 있습니다. 지금까지 관련 당국은 이렇다 할 결론을 내리지 않았죠.

암염층은 또 다른 이유로 논란이 되고 있습니다. 형태가 쉽게 바뀌는 암석은 저장실을 압박하기 때문에 저장 용기가 폭발할 수 있는데, 이 압력은 꾸준히 증가합니다. 암염은 더구나 물에 녹죠. 게다가 고어레벤 소금 광산에서 발견되는 광노석은 섭씨 300도면 녹기 시작합니다. 최종 처리장에서는 충분히 올라갈 수 있는 온도입니다.

61 화강암 균열 ☢ 핵폐기물은 화강암조차도 약화시킬 수 있습니다.

지금까지 전 세계에서 가장 앞서 있다고들 했던 스웨덴의 최종 처리장 예정지조차 말 그대로 '취약'하다는 것이 증명되었습니다. 지질학자들은 160만 년 전부터 안정된 것으로 보았던 암석에서 지진 흔적을 발견했습니다. 지난 1만 년 동안 여기서 58차례 지진이 일어났는데, 리히터 규모 8을 넘는 지진도 있었습니다. 다행스럽게도, 아직 핵폐기물을 거기에 버리기 전이었죠.

62 방사능 냄비 ☢ **핵폐기물이 냄비가 됩니다.**

"저는 핵폐기물이었습니다." 언젠가 이런 말이 냄비와 프라이팬 홍보 문구를 장식할지도 모릅니다.

시민당과 녹색당 연립 정부는 핵폐기물 처리 비용을 줄이기 위해 독일의 방사선방호조례Strahlenschutzverordnung, StrlSchV를 완화했습니다. 원자로에서 나오는 방사성물질 대부분은 '가정용 쓰레기'처럼 버리거나 재활용할 수 있죠.

맛있게 드세요!

63 러시아에 버리는 핵폐기물 ☢ **그로나우 시의 우라늄 농축 공장은 핵폐기물을 러시아에 떠넘기고 있습니다.**

그로나우 시에 있는 우라늄 농축 공장 우렌코Urenco는 수천 톤에 이르는 열화우라늄을 러시아에 버렸습니다. 이 방사성폐기물은 공식적으로는 '핵연료'로 분류되는데, 녹슨 용기에 담긴 채 우랄Ural의 '출입 금지 지역' 옥외 시설에 방치되어 있습니다.

세계 최대 우라늄 공급 회사인 러시아의 테넥스TENEX는 겉으로는 '핵연료'라고 하는 이 폐기물을 공짜로 들여왔죠. 대신 독일 회사 우렌코는 엄청난 돈을 내야 했고요.

64 환상곡풍 달빛 소나타 ✖ 달은 너무너무 멀리 떨어져 있죠.

처음에는 핵폐기물이 아무런 문제가 없을 거라고 했습니다. 그런 다음 과학자들은 멋진 핵폐기물 처리 방법을 속속 생각해 냈죠. 땅에 쏟아붓거나, '핵 연못'에 가둔다거나, 지하수로 흘려보내거나, 강으로 방출하거나, 바다에 버리거나, 사막에 갖다 두는 식으로요. 땅에 구덩이를 파서 묻거나, 낡은 방공호에 두거나, 강철 상자에 넣고 용접한다거나, 북극의 얼음 안에 가둔다거나, 우주나 달에 쏘아 보내자는 안도 나왔습니다.

마지막 방안은 달이 너무 멀어서 실패로 끝났죠. 다른 몇 가지 방안들과 새로운 방법들은 지금도 실행되고 있습니다.

65 핵 연금술사 ✖ 핵변환도 핵폐기물 문제를 해결하지 못합니다.

어떤 이들은 핵변환이 핵폐기물을 처리하기에 좋은 해결책이라고 추켜세웁니다. 중성자를 이용해 수명이 긴 동위원소를 수명이 짧은 동위원소 또는 더 이상 방사성이 아닌 원소로 바꿀 수 있다고 합니다. 그러자면 고방사성 '혼합물'을 각 성분마다 깔끔하게 분리해야죠. 그런 다음 특별히 설계된 원자로에서 엄청난 에너지를 써 가며 각 성분을 특수 처리를 해야 합니다.

그 절차는 매우 복잡하고 위험할 뿐더러 비쌉니다. 기술적으로 실현 가능한지도 의심스럽죠. 또한, 이 모든 과정을 다 끝내더라도 여전히 핵폐기물이 남습니다.

+ 108 냉선 ☢ 니더작센 주는 물이 새는 몰스레벤에 최종 처리장을 마련한 옛 동독에 앙갚음하듯 고어레벤을 최종 처리장 부지로 선택했습니다.

지질학자 게르트 뤼티히Gerd Lüttig 교수는 1970년대에 최종 처리장 후보지를 선정하는 임무를 맡았습니다. 그는 은퇴한 후에, 지질학적 관점에서는 "제3의 선택지"에 지나지 않았던 고어레벤 소금 광산을 최종 처리장 부지로 고른 것은 니더작센 주 주지사인 기민당의 에른스트 알브레히트Ernst Albrecht라고 털어놓았죠. '동쪽' 사람들이 동서독 경계 근처에 있는 몰스레벤에 최종 처리장을 마련하는 바람에 니더작센 주 또한 오염 위협에 직면하게 된 것에 대한 복수였다고 합니다.

알브레히트 주지사의 좌우명은 이런 것이었죠. "이제 우리가 할 수 있다는 것을 보여 주자!"

+ 109 지하실의 시체 ☢ 핵발전 업계는 아세 핵폐기물 처리장에 방사능 피해로 숨진 노동자의 시신 일부도 버렸습니다.

핵발전 업계가 당장이라도 내던지고 싶은 모든 것이 '시범 처리장'으로 위장된 아세II 핵폐기장에 버려졌습니다.

1975년 11월 19일에 군트레밍겐A 핵발전소에서 사고로 노동자 2명이 숨졌죠. 그런데 그 신체 일부가 방사선에 오염되었다며 시신 일부를 카를스루에 핵연구센터 핵폐기물 소각장에서 태운 뒤에, 캐스크에 넣어 아세II 핵폐기물 처리장으로 옮겨 놓았습니다.

+ 110 '조사'라는 거짓말 ❀ **고어레벤 소금 광산 '조사'는 최종 처리장을 건설하기 위한 속임수에 불과합니다.**

독일 정부는 고어레벤 소금 광산에서 공식적으로 필요한 '조사'만 벌이는 것이 아니라, 동시에 최종 처리장을 짓기 위한 기초 작업을 해 나가기로 했습니다. 1982년 비공개 회의에서 말이죠. 그래서 고어레벤 소금 광산은 조사만 할 때보다 무려 2배나 넓은 수직갱도와 땅굴을 팠고, 지금까지 8억 유로(1조 2,484억 원) 남짓한 돈이 더 들었습니다. 최종 처리장을 건설하려면 원자력법Atomgesetz, AtG에 따라 거쳐야 하는 절차들이 있는데, 이를 피하기 위해 독일 정부는 이러한 편법을 썼습니다. 또한, 기민당 소속 환경부 장관(2009년~2012년) 노르베르트 뢰트겐Norbert Röttgen은 1983년에 만들어진 구닥다리 작업 계획을 갱도 추가 건설 공사에 적용한다고 합니다. 절차상 주민들의 개입을 피하기 위해서죠.

+ 111 살인 면허 ☢ 독일 환경부는 핵폐기물 최종 처리장이 밀폐되지 않아도 좋다고 결정했습니다.

핵폐기물 최종 처리장은 방사능을 생물권에서 완전히 격리시키지 않더라도 여전히 '안전'한 것으로 간주됩니다. 2009년 사민당 소속 환경부 장관 지그마르 가브리엘Sigmar Gabriel이 핵폐기물 최종 처리장 안전 지침을 공개했는데, 거기에 이런 내용이 명시되어 있었죠. 더 정확히 말하면, 이 조항은 가까이 사는 주민 1천 명 중 1명은 방사선 노출로 암에 걸리거나 건강에 심각한 해를 입어도 좋다고 허용하고 있습니다. 그런데 방사성물질은 지하수를 통해 넓은 지역으로 퍼져 나가기 때문에, 곧 굉장히 많은 사람들이 '가까이 사는 주민'에 들어가게 될 겁니다. 무엇보다도, 앞으로 100만 년에 걸쳐서 말이죠.

+ 112 터지기 쉬운 유리 고화체 ☢ 유리에 싸여 있는 핵 수프가 터질 수 있습니다.

사용후핵연료를 재처리하면서 나오는 폐기물은 액체로, 방사성이 높고 엄청난 열을 내뿜을 뿐더러 폭발하기 쉽습니다. 이 '핵 수프'를 좀 더 쉽게 다루려면 유리에 녹여 매우 안정된 화합물을 만들어 내야 합니다. 그런데 화학자들은 물이 닿으면 이러한 유리 고화체가 터지면서 매우 위험한 물질이 검출될 수 있다는 것을 알아냈습니다. 불행하게도, 저장소는 항상 보송보송한 채로 있는 게 아니죠.

+ 113 최종 처리장에 적합한 곳 ⚛ **고어레벤 소금 광산 위에는 암염층을 보호하는 점토층이 없어, 최종 처리장으로 적합하지 않습니다.**

1995년 지질학및천연자원연구소는 북독일에 있는 소금 광산 41곳을 찾아, 핵폐기물 최종 처리장으로 어디가 적합한지를 조사했습니다. 이 연구는 아래에 있는 암염층이 물에 잠기지 않도록 보호하는 '상부 퇴적층의 차단막 기능'이 얼마나 중요한지를 분명히 언급했죠. 소금 광산 위로 수로가 길게 놓인 고어레벤은 처음부터 이 조사의 대상이 아니었습니다. 이때 조사가 이루어졌다면 즉시 후보지에서 제외되었겠죠.

2009년에 새로 나온 최종 처리장 기준에는 암염층을 보호하는 피복층을 다룬 내용이 아예 없습니다. 그래서 고어레벤을 최종 처리장 후보지로 계속 검토할 수 있다고 합니다.

기후 보호와 전력 공급

66 불안정한 공급 ☢ **핵발전소는 안정적인 전력 공급원이 아닙니다.**

"핵발전이 없으면 불빛이 사라진다."는 광고 문구와 달리, 핵발전이 전깃불을 더 빨리 꺼트릴 수도 있습니다. 비브리스A는 안전 문제로 2007년에 전기를 단 1킬로와트시도 생산하지 않았습니다. 그 무렵 비브리스B도 13.5개월 동안 가동되지 않았죠. 2009년 초, 두 원자로는 각각 13개월, 9개월씩 또다시 멈춰 섰습니다. 크림멜과 브룬스뷔텔 핵발전소도 이미 3년 전부터 멈췄고요.

2007년과 2009년 사이에, 원자로 17기 가운데 7기가 수리를 받느라때때로 가동을 멈췄습니다. 무엇보다 핵발전소는 여름엔 별 쓸모가 없죠. 강물 수온이 너무 올라가는 바람에 필요한 냉각수를 마련하지 못해서, 자주 출력을 떨어뜨려야 하거든요.

67 과잉생산 ☢ **핵발전소가 아니라도 독일에서 생산되는 전력은 충분합니다.**

2007년과 2009년, 원자로 17기 가운데 7기가 동시에 정지했을 때조차도, 독일은 전력을 꽤 많이 수출했습니다. 독일 환경부와 경제부는 각

각 자체 조사를 벌여 핵발전을 멈추더라도 전력 공급에 빈틈이 생기지는 않을 것이라는 사실을 확인했습니다. 핵발전소를 모두 닫더라도, 재생에너지나 에너지 효율 개선, 열병합발전 따위로 필요한 전력을 마련할 수 있습니다.

68 온실효과 ⚛ 핵발전 전기는 이산화탄소CO₂를 배출합니다.

우라늄 채굴과 정제, 농축 작업으로 기후변화를 일으키는 온실가스가 엄청나게 배출됩니다. 핵발전 전력은 그래서, 풍력발전이나 천연가스를 태우는 열병합발전보다도 이산화탄소 배출량이 더 많습니다. 상황은 점점 더 나빠지겠죠. 우라늄 광석 안에 포함된 우라늄 비율이 낮아질수록 화석 에너지를 더 많이 쓰게 될 테니까요.

69 기후 보호라는 거짓말 ⚛ 핵발전은 기후를 살리지 않습니다.

핵발전은 전 세계 에너지 소비량의 2퍼센트를 조금 넘을 뿐입니다. 그런 틈새 기술로 기후를 살릴 수는 없죠.

반면 핵발전은 재생에너지 부문이 커지는 것을 가로막고, 에너지 전환을 방해하며, 에너지 낭비를 일으키고, 미래 지향적이고 지속 가능한 에너지 시스템을 구축하는 데 필요한 자본을 빼앗습니다.

70 비효율 ⚛ 핵발전은 버려지는 에너지가 더 많습니다.

물리적으로 핵발전은 핵분열로 방출된 에너지 가운데 약 1/3만을 전기로 바꿀 수 있습니다. 나머지 2/3는 강이나 공기를 데우며 생태계에 해를 입히죠. 석탄화력발전소조차 핵발전소보다는 높은 열효율을 발휘하고 있습니다.

71 전기 낭비 ⚛ 핵발전은 에너지 낭비를 부추깁니다.

핵발전소는 꾸준히 돌아갈 때 이익이 납니다. 그런데 밤에는 전력 사용량이 적죠. 핵발전 기업들이 수십 년 동안 심야 전기로 난방을 하라고 광고한 것은 놀라운 일이 아닙니다. 하지만 난방기는 겨울에나 돌립니다.

그렇다면 여름에는 어디다 공급할까요? 핵발전 업계 선두 주자인 프랑스전력공사Électricité de France, EdF는 딱 들어맞는 사업 분야를 찾았습니다. 그들은 이제 냉방 시스템을 홍보하고 있습니다.

+ 114 핵융합이라는 환상 ⚛ 핵융합은 태양에너지라는 형태로 지금도 활용할 수 있습니다. 그밖에 모든 것은 막대한 시간과 돈이 들죠.

핵융합은 원자핵을 융합시켜 에너지를 만드는 원리입니다. 문제의 핵심은 이 과정이 섭씨 1억 5천만 도, 즉 태양의 10배나 되는 온도가 필요하다는 겁니다. 지금까지 인간이 핵융합을 실현한 유일한 예는 수소폭탄이었습니다. 연구자들은 이르면 1960년대까지 지상 '융합 발전소'를 설계할 거라고 약속했습니다. 수십억 유로라는 엄청난 보조금을 쏟아부었지만, 지금까지도 아무런 진전을 보지 못했습니다.

원자로에 연료를 공급하자면 트리튬이 많이 필요할 것이고, 발전소는 위험한 핵폐기물을 새로이 만들어 낼 것입니다. 반면 하늘 높은 곳에서는 태양계 최대의 융합 발전소가 가동되고 있습니다. 바로 태양이죠. 그것은 우리한테 필요한 에너지의 수천 배나 되는 양을 공급합니다. 우리는 어떠한 위험도 감수하지 않고 이 에너지를 쓸 수 있습니다. 바로 오늘부터요!

권력과 이권

72 보조금 ⚛ **핵발전 업계는 수십억 유로에 이르는 보조금을 받고 있습니다.**

핵발전 기술은 주로 정부가 연구·개발에 돈을 대 왔습니다. 첫 핵발전소 건설부터 엄청난 세금이 들어갔고, 핵발전소 해체 작업에도 계속 국비가 투입되고 있습니다.

세금 감면, 정부 보조금, 핵폐기물 처리 비용에다, 정부가 대출이나 수출을 보증하는 혜택도 받았습니다. 1950년에서 2008년까지 나간 직·간접 보조금은 총 1,650억 유로(321조 1,853억 원)였습니다. 930억 유로(181조 317억 원)가 더 투입될 예정입니다.

유럽원자력공동체EURATOM, 유라톰는 4천억 유로(624조 2,444억 원) 가까운 돈을 핵발전 업계에 뿌렸습니다. 또한, 세금 2억 유로(3,121억 원)가 해마다 새로운 핵 프로젝트와 연구 자금으로 들어갑니다.

73 우라늄 면세 ⚛ **우라늄을 살 때는 세금을 내지 않습니다.**

지금까지 우라늄은 세금을 매기지 않는 유일한 연료였습니다. 핵발전 업계에 연간 수십억 유로에 달하는 선물을 주는 것이죠. 또한 핵연료를 만들 때 온실가스가 많이 발생하지만, 핵발전 회사는 탄소 배출량 인증서를 받지 않아도 됩니다.

74 비과세 조항 ⚛ 핵발전 회사들은 세금 수십억 유로를 낼 필요가 없습니다.

수십 년 동안 핵발전소를 운영하는 기업들은 핵발전소를 해체하고 핵폐기물을 저장할 때마다 관대한 비과세 혜택을 입었습니다. 유보금에 대한 이자도 면세죠. 핵발전 기업은 이런 식으로 지금까지 280억 유로(43조 6,971억 원) 가까운 돈을 모아 다른 기업을 인수하거나 새로운 사업에 투자하는 종잣돈으로 삼고 있습니다.

독일 경제부는 이러한 면세 조치로 핵발전 업계에 지금까지 최대 82억 유로(12조 7,970억 원)에 이르는 세금 혜택을 주었습니다.

75 다른 분야 연구의 걸림돌 ⚛ 버려진 핵 시설은 연구 예산 수십억 유로를 잡아먹고 있습니다.

연구용 및 훈련용 원자로, 실험 및 시범 발전소, 고속증식로, 핫 셀Hot Cell*, 시범 재처리 시설에 이르기까지 독일 정부는 1950년대부터 핵 연구 및 기술 분야에 수십억 유로를 쏟아부었습니다. 이들은 오래전에 폐지되었고, 이 방사성 폐허는 지금도 엄청난 연구 예산을 잡아먹고 있습니다.

지금까지 독일 교육연구부는 버려진 핵 시설의 철거, 오염 제거 및 처리를 위해 약 30억 유로(4조 6,818억 원)를 투입해야 했습니다. 앞으로도 그렇겠죠. 다른 분야의 학문과 연구에 들어가야 할 돈이 그만큼 줄어들게 됩니다.

* '핫 셀'은 방사성물질을 안전하게 다룰 수 있도록 만들어 놓은 밀폐 설비입니다. 두꺼운 벽으로 둘러싸인 작은 실험실로, 바깥에서 원격 조작 장치로 그 안에 든 방사성물질을 다룹니다. 사용후핵연료에서 플루토늄을 얻는 데 많이 쓰이죠.

76 점점 커지는 업계의 이익 ☢ 탈핵 시기를 미루면서 이익을 보는 곳은 전력 회사들뿐입니다.

독일의 모든 핵발전소는 오래전부터 감가상각이 일어나고 있어 아주 값싼 전력원이라고들 합니다. 특히 이들은 책임보험을 들지도 않았고, 연료를 살 때도 세금을 내지 않습니다. 유보금도 면세죠. 그런데 우리 소비자들은 어떤 혜택도 실감하지 못합니다.

독일의 전력 가격은 가장 전력을 많이 쓰는 시간을 기준으로 결정됩니다. 그런데 핵발전소는 전력 수요에 맞춰 탄력적으로 전력을 생산할 수 없죠. 이런 시장 구조 때문에 결국 낡은 핵발전소를 많이 보유한 거대 전력 회사들만이 핵발전소를 오래 가동시킬수록 이익을 보게 됩니다. 2002년에서 2007년 사이에 바덴뷔르템베르크에너지회사, 에온, 라인베스트팔렌전력회사, 바텐팔 같은 4대 전력 회사는 수익이 3배나 늘었습니다.

그런데 전기 요금을 내린 회사가 있나요?

77 비싼 전기 요금 ⚛ 핵발전으로 생산한 전력이 전기 요금을 올리고 있습니다.

핵발전으로 계속 전력을 생산하고 있지만, 전기 요금은 최근 몇 년 사이 많이 오르고 있죠. 라이프치히Leipzig 전력 거래 시장에서 압도적인 양을 공급하는 4대 전력 대기업의 시장 지배력 때문입니다. 2002년~2008년 바덴뷔르템베르크에너지회사, 에온, 라인베스트팔렌전력회사, 바텐팔 이 4개 회사는 약 1천억 유로(194조 6,577원)나 이익을 냈습니다. 그런데, 같은 기간 그들은 전기 요금을 50퍼센트 넘게 올렸죠.

핵발전소는 거대 기업의 시장 지배력을 더욱 다지면서 수십억 유로에 이르는 이익을 차지합니다. 반면, 재생에너지는 이미 전기 요금을 낮추는 효과를 발휘하고 있습니다. 풍력발전을 통해 소비자는 구매 순위 효과Merit Order Effect*로 매년 수십억 유로를 절약할 수 있습니다.

만약 핵발전소가 현실적인 책임보험을 들도록 법제화하거나, 유보금 비과세 조치를 취소하거나, 우라늄에 대해 세금을 매기는 식으로, 핵발전 업계에 베푸는 과대한 지원 조치가 사라진다면 핵발전 전기 요금은 아무나 살 수 없을 정도로 폭등할 것입니다. 스위스 바젤에 있는 프로그노스 연구소는 1992년에 이미 현실적인 핵발전 전력 가격을 킬로와트시당 약 2유로로 산출했죠.

* 구매 순위란 한계비용에 따라 전력 시장에서 어떤 전력을 먼저 사들이느냐 하는 거죠. 말하자면, 뭐가 가장 싼 전기인가를 따지는 겁니다. 독일은 재생에너지를 가장 먼저 사들입니다. 그 중에서도 가장 발전 단가가 낮은 것은 풍력 전기입니다. 바람이 많이 부는 날은 값싼 풍력 발전량이 많이 집니다. 그러면 바람이 적게 부는 날에 비해 전력 가격이 확 내려갑니다. 소비자는 풍력 전력 덕분에 전기 요금을 아끼게 되는 것이죠.

78 시장성 없음 ⚛ 핵발전소를 새로 짓기에는 시장성이 없습니다.

지난 20년 동안 전 세계 전력 발전 용량이 수십만 와트 늘었지만, 신규 핵발전소는 거의 건설되지 않았습니다. 채산이 맞지 않기 때문이죠.

핀란드와 프랑스가 최근 선설하고 있는 핵발전소도 상황은 마찬가지입니다. 핀란드 원자로는 시공사가 공공 보조금*을 받아 덤핑 가격으로 입찰에 나선 것이지만, 비용은 오랫동안 훌쩍 늘었습니다. 프랑스는 핵발전 그룹 아레바와 전력 독점 공급 업체인 프랑스전력공사가 정부 통제 아래에 있어, 시장경제가 그다지 중요하지 않습니다.

거대 전력 회사 에온의 한 이사는 "정부 자금 없이 핵발전은 없다."고 솔직하게 인정했죠.

* 특히 바이에른주립은행이 낮은 금리로 대출을 해 주었습니다. 시공을 맡은 지멘스 Siemens AG는 바이에른 주의 대표 기업으로, 주 정부가 나서 보조한 셈입니다.

Siemens AG는 바이에른 주의 대표 기업으로, 주 정부가 나서 보조한 셈입니다.

79 대기업이 지배하는 전력 시장 ⚛ 핵발전은 전력 대기업이 좌지우지하는 중앙 집중형 에너지 공급 구조와 권력을 더욱 굳혀 나갑니다.

독일은 4대 전력 회사가 시장을 지배하고 있습니다. 전력 대기업은 전력망을 독점하고 대형 발전소를 돌리고 전기 요금을 결정하고, 심지어는 에너지 정책 결정에 두루 관여합니다. 핵발전은 이 대기업들의 영향력을 강화하죠. 시민이 출자하거나 지자체가 관리하는 분산형으로, 효율이 높고 환경을 배려하는 발전소는 전력 대기업의 영향력을 약화시킵니다. 그래서 핵발전소를 운영하는 전력 대기업들은 어떠한 대가를 치르더라도 그런 시설을 막고자 애쓰죠.

자유와 민주주의

80 빼앗긴 자유 ※ **핵발전은 우리의 자유를 빼앗고 기본권을 제한합니다.**

카스토르 수송 반대 시위가 열릴 때마다, 당국은 평화적인 시위대를 제압하기 위해 무자비한 경찰력을 동원합니다. 둘레 몇 킬로미터 안에서 집회의 자유라는 기본적 인권을 제한하죠. 도로를 막아 그 지역에 아예 들어갈 수 없도록 차단합니다. 시위대는 체포당해 화장실에 못 가는 일도 더러 있습니다. 때로는 영하로 내려간 날씨를 몇 시간이나 견뎌야 하고요. 여러 해 동안 경찰은 탈핵 시위대를 마치 테러범처럼 감시하고, 도청하고, 아파트를 압수 수색해 왔습니다. 또 시위대 수천 명을 영장도 없이 유치장이나 막사, 차고, 체육관, 심지어는 철창 속에 가둬 두기도 합니다.

우리의 기본권을 짓밟으며 국가가 보장하고 있는 것은 누구의 권리입니까?

81 생존권 침해 ※ **핵발전은 생존권을 침해합니다.**

핵발전소는 우리의 생존권과 신체를 훼손하지 않을 권리를 위협합니다. 독일 헌법재판소는 '칼카르Kalkar' 판결에서 핵발전소 운영이 '시민 기본권 적극 보호' 규정을 따르고 있는지를 살폈습니다.

이 규정대로라면 첫째 모든 안전 예방 조치가 항상 과학 및 기술 분야의 최신 기법에 따라 이루어져야 합니다. 또한, 원자로는 모든 예상할 수 있는 위험에서 안전해야 합니다. 이 두 가지 가운데 어느 것도 현재 충족되고 있지 않죠.

그럼에도, 감독을 맡은 당국들은 아직 어떤 핵발전소 운영 허가도 취소한 적이 없습니다.

82 경찰의 폭력 ☢ 핵발전 반대 시위를 막기 위해 국가는 폭력을 행사합니다.

설득력 있게 주장을 펴기가 힘든 이들이 곧잘 폭력을 씁니다. 경찰은 지금까지 수만 명의 시민을 진압봉으로, 발길질로, 주먹으로, 물대포로, 격투기식 목조르기로, 최루탄과 지랄탄으로 난폭하게 진압해 수천 명이 다쳤습니다. 지금까지 2명이 죽었죠. 이들은 뭘 했을까요?

핵발전 반대 시위를 벌였을 뿐입니다.

83 50년에 걸친 싸움 ☢ 핵발전은 수십 년에 걸쳐 사회를 분열시켜 왔습니다.

1950년대에 독일에서 첫 원자로가 건설된 뒤로 핵발전에 얽힌 갈등은 계속되었습니다. 핵발전이 생명을 위협하기 때문이죠. 오늘날까지도 변한 것은 없습니다. 다시는 돌이킬 수 없도록 단계적으로 완전한 탈핵을 추진하는 것만이 이 갈등을 끝낼 수 있습니다.

전력 대기업은 2000년 6월 15일 점진적 핵 폐기를 약속하는 이른바 '핵 합의Atomkonsens'를 승인하고, 서명함으로써 단계적 탈핵을 문서로 남겼습니다. 그 보상으로 꽤 커다란 대가를 받았죠. 바덴뷔르템베르크에너지회사, 에온, 라인베스트팔렌전력회사, 바텐팔 이 4대 전력 회사가 단계적 핵 폐기를 철회하고자 한다면, 자신들이 승인한 '합의'를 어기게 됩니다.

84 전력 대기업이 주무르는 정치 ⚛ 에너지 회사들이 정치에 미치는 영향력이 너무 큽니다.

산업계와 정책을 만드는 이들이 서로 밀접하게 얽혀 있는 분야는 에너지 분야 말고는 거의 없죠. 많은 독일 고위 관리들이 독일 산업계 거물들의 뜻에 따라 정치를 하고, 나중에 그 기업의 요직을 맡거나, 계약을 따내고는 했습니다. 볼프강 클레멘트Wolfgang Clement, 요슈카 피셔Joschka Fischer, 게랄트 헤닌회퍼, 발터 홀레펠더, 요하임 랭Joachim Lang, 오토 마제스키Otto Majewski, 베르너 뮐러Werner Müller, 게르하르트 슈뢰더Gerhard Schröder, 알프레트 타케Alfred Tacke, 브루노 토마우스케Bruno

Thomauske, 게오르그 폰 발덴펠스Georg Freiherr von Waldenfels 같은 이들 얘기입니다. 녹색당 하원 의원이었던 레조 슐라흐Rezzo Schlauch나 군다 뢰스텔Gunda Röstel도 전력 대기업이나 이들이 거느린 자회사에서 월급을 받고 있습니다.

대기업의 힘은 민주주의를 약화시키죠.

85 시민 바보 만들기 ⚛ **전력 대기업은 "핵발전이 없으면 빛이 사라집니다."라는 이야기를 30년 넘게 되풀이해 왔습니다.**

"장기적으로 보더라도 태양열, 수력, 풍력은 우리 전력 수요의 4퍼센트 이상을 감당할 수 없습니다." 이것은 1993년 독일 전력 대기업들이 전국에 발행되는 일간지에 실었던 광고 문구입니다. 실제 상황은 다르게 펼쳐졌죠. 2009년 독일에서 소비된 전기의 16퍼센트 이상을 재생에너지가 생산했습니다. 2020년에는 이 비율이 거의 50퍼센트까지 늘 것입니다. 21세기 중반이면 100퍼센트 재생에너지 시대로 접어들 수 있습니다.

그럼에도, 핵발전소의 수명을 좀 더 연장하고자 애쓰는 전력 대기업들은 여전히 "여러 날째 정전"이 일어날지 모른다고 위협하는 이야기를 하고 싶어 합니다.

아직도 이런 이야기를 믿어야 합니까?

86 아무도 바라지 않는 일 ⚛ 누구도 핵발전소 곁에서 살고 싶어 하지 않습니다.

독일원자력포럼은 자체 설문 조사를 내세워 핵발전이 곧 다시 널리 받아들여질 거라고 합니다. 하지만 2008년 중반에 설문 조사 기관 엠니트Emnid가 실시한 조사 결과가 더 정직하고 신뢰할 만해 보입니다. 응답자 2/3 이상이 동네에 새로운 핵발전소가 들어서는 것을 거부했습니다. 앞으로 평생 전기 요금이 공짜라고 하더라도요.

87 윤리적 문제 ⚛ 핵발전은 비윤리적입니다.

핵발전소는 불과 몇 십 년 동안, 몇 안 되는 사람들에게 전기를 공급하죠. 그러느라 그보다 훨씬 많은 사람들이 생명과 건강에 심각한 위험을 짊어져야 합니다. 핵발전은 수십만 년 동안 안전하게 저장해야 하는 핵폐기물을 만들어 냅니다. 다음 4만 세대에 걸쳐 엄청난 짐을 지우는 일입니다.

+ 115 법의 보호 없이 ⚛ 법은 미래 세대를 핵 위험에서 보호하지 않습니다.

최종 처리장에서 뭔가가 누출된다면 대부분 미래 세대가 그 해를 입게 될 것입니다. 그러나 만약 오늘날 감독 관청이 핵폐기물이 긴 시간에 걸쳐 안전할 거라고 오인하더라도 미래 세대 누구도 법정에서 책임을 물을 길이 없습니다. 1천 년 뒤에 방사성물질이 다시 지상에 얼굴을 내밀더라도 그 원인을 만든 원고가 이미 존재하지 않기 때문이죠.

그리고 미래 세대가 입게 될 피해는 법정에서 보상을 청구할 수 없습니다. 뤼네부르크Lüneburg 고등 행정 법원은 콘라트 광산 최종 처리장 관련 소송에서 그래도 좋다고 판결했죠. 독일 헌법 재판소는 이를 추인했고요.

핵폐기물은 법치도 무용지물로 만듭니다.

전쟁과 평화

88 위장 프로그램 ⚛ 핵발전의 평화적 이용과 군사적 이용은 떼려야 뗄 수 없습니다.

모든 우라늄 농축 시설은 폭탄을 만들 수 있는 고농축우라늄을 생산할 수 있습니다. 원자로에서는 많은 플루토늄을 '증식'시킬 수 있죠. 핫셀에서도 폭탄을 만들 수 있습니다. 재처리 공장은 핵발전소에서 나온 폐기물에서 플루토늄을 추출합니다.

많은 국가들이 민간용 핵발전으로 위장해 핵무기를 개발했는데, 몇몇은 크게 성공했습니다. 핵발전소가 많을수록 군사적으로 혹은 테러에 이용될 위험성이 커집니다.

89 고속증식로 ⚛ 고속증식로는 핵무기 확산 위험을 증폭시킵니다.

'고속증식로' 유형의 핵발전소는 기존 원자로보다 훨씬 위험하고 사고 위험도 높습니다. 심지어 연료로 우라늄이 아니라 플루토늄을 사용하죠. '고속증식로'를 대규모로 가동했다면 막대한 플루토늄이 생산돼, 시장에 유통될 것입니다. 그런 상황이라면 핵무기를 만들겠다며 플루토늄 몇 킬로그램을 돌려쓰거나 빼내기란 쉬운 일이죠.

90 더러운 폭탄 ⚛ **핵 시설에서 나오는 방사성물질은 더러운 폭탄으로 악용될 수 있습니다.**

핵 시설에서 나온 방사성물질을 재래식 폭약과 뒤섞으면, 이른바 '더러운 폭탄Dirty Bomb'*을 만들 수 있습니다. 이 폭탄이 터지면 방사성물질이 안개처럼 확산되면서 방사능으로 주변 환경이 온통 오염되겠죠. 정말로 무시무시한 위협입니다.

*더러운 폭탄은 방사성물질이 들어 있는 폭탄을 이르는 말입니다. 수소폭탄은 터지더라도 방사성물질이 누출되지는 않아서 '깨끗한 폭탄Clean Bomb'이라고 부르죠.

91 테러의 표적 ⚛ **핵발전소는 공격의 표적이 되고 있습니다.**

수백만 명을 해하거나, 죽이거나, 전 지역을 살 수 없는 곳으로 만드는 데 꼭 핵폭탄이 필요한 것은 아닙니다. 핵발전소를 공격하는 것으로도 충분하죠.

독일 정부가 의뢰한 극비 비행 모의실험에서 실험 참가자 절반이 점보 제트기로 핵발전소를 공격하는 데 성공했습니다. 독일 수사국은 핵발전소 테러에 대해 "결국은 그러한 가능성을 고려해야 한다."고 밝혔습니다.

92 열화우라늄탄 ⚛ **우라늄을 농축할 때 나오는 방사성폐기물은 열화우**

라늄탄이 됩니다.

미국 육군을 비롯해 많은 군대가 열화우라늄으로 만든 탄약을 사용합니다. 목표물을 타격하면 열화우라늄이 폭발하며 먼지처럼 퍼져 나가 주변을 오염시키죠. 이러한 방사성 입자들은 군인과 민간인을 가리지 않고 건강에 심각한 해를 입힙니다.

군사 관세자들은 밀도가 굉장히 높아 관통력이 뛰어나기 때문에 열화우라늄탄을 쓴다고 강조합니다. 핵발전 업계는 방사성폐기물을 헐값으로 '처리'해 이득을 보고 있죠.

·

93 우라늄 전쟁 ☢ **우라늄을 확보해야 하는 핵발전 업계의 필요가 새로운 갈등을 불러일으키고 있습니다.**

아프리카 각국의 우라늄 매장량은 그곳에서 수십 년간 이어진 분쟁과 깊은 관계가 있죠. 핵발전소 수가 많을수록, 천연 우라늄 자원이 더 많이 필요합니다.

우라늄은 오랫동안 투기 대상이 되어 왔습니다. 우라늄이 모자랄 때 전쟁이 벌어질 가능성은, 석유 전쟁만큼이나 현실적입니다.

+ 116 캠퍼스 안의 원자로 ☢ **뮌헨 공대는 원자로용 연료로 무기급 우라늄을 쌓아 두고 있습니다.**

여러 나라가 거세게 반대했지만, 뮌헨 공대Technische Universität München 는 고농축우라늄으로 연구용 원자로를 가동하고 있습니다.

뮌헨 공대 가르힝Garching 캠퍼스에는 그 위험천만한 물질이 400킬로 그램이나 쌓여 있죠. 15킬로그램 정도면 비전문가도 핵폭탄을 만들기에 충분합니다. 가르힝 캠퍼스에서 나오는 사용후핵연료 또한 핵무기를 만드는 데 사용될 수 있습니다. 뮌헨 공대는 이렇게 위험한 폐기물을 어디에 보관하고 있을까요? 아하우스 카스토르 저장소에 두고 있습니다. 정교한 보안이나 안전 조치 같은 건 기대하기 어려운 곳이죠.

에너지 혁명과 미래

94 재생에너지 ✿ **재생에너지로 에너지를 100퍼센트 공급하는 것은 가능합니다.**

2008년에 이미 재생에너지는 세계 에너지 총 소비량 가운데 1/6을 공급하고 있죠. 석유, 가스, 석탄, 우라늄이 고갈되는 동안, 지구온난화는 더욱 심각해지고 있습니다. 지구가 존재하는 한, 햇빛이나 바람, 물, 바이오매스, 지열은 꾸준히 이용할 수 있습니다. 여러 나라들이 연구한 바로는 에너지 공급을 100퍼센트 재생에너지로 전환할 수 있다고 합니다. 우리에게 주어진 유일한 기회이기도 하죠.

95 서로 맞서는 관계 ✿ **핵발전과 재생에너지는 공존할 수 없습니다.**

몇 해 전, 전력 대기업 에온과 프랑스전력공사는 영국 정부를 위협했습니다. 런던이 재생에너지를 계속 추진할 생각이라면 새로운 핵발전소에 투자하지 않겠다고 말이죠. 핵발전소는 고가라 24시간 전기를 생산하고 팔 수 있어야 채산이 맞거든요.

빠르고 쉽게 출력을 조정할 수 있는 발전소가 재생에너지와 결합하기에 적합합니다. 햇빛, 바람, 물이 생산하는 친환경 전력 부족을 탄력성 있게 메워야 하니까요. 그런데 핵발전소는 기술적으로 이런 조정이 불가능하죠.

그래서 핵발전과 재생에너지는 결코 같은 편이 될 수 없습니다. 서로 맞서죠. 핵발전 업자들은 재생에너지 확대를 가로막습니다. 영국 사례에서 여러분이 보신 것처럼요.

96 투자의 걸림돌 ⚛ 핵발전은 기술혁신과 투자에 방해가 됩니다.

재생에너지는 세계적으로 가장 역동적이고 가장 전망이 밝은 산업 중 하나입니다. 독일에서 재생에너지 분야가 성황을 이루면서, 많은 독일 기업들이 연구·개발에 투자했습니다. 오늘날 독일은 기술 면에서 세계 최고 수준이죠. 독일이 만든 풍차, 수차, 바이오가스 발전 시설, 광전지 모듈은 전 세계로 엄청나게 팔리고 있습니다. 2008년에 세계에서 새로 건설된 풍력발전기 3대 가운데 1대는 독일제였습니다. 경제 위기에도, 재생에너지 투자는 2009년에 1/5이 늘어 180억 유로(37조 6,244억 원)를 기록했습니다.

핵발전소 운영 기간을 연장하면 재생에너지 투자 안전성과 신뢰도가 떨어져, 연구·개발과 혁신을 가로막게 됩니다. 핵발전에 집착하는 이들은, 환경친화적이며 수출하기 좋은 재생에너지가 21세기 산업으로서 더욱 번창하는 데 찬물을 끼얹고 있습니다.

97 2퍼센트짜리 기술 ☢ 핵발전은 에너지 공급에 크게 기여할 수가 없습니다.

전 세계 438개 핵발전소가 생산한 전력은 세계 에너지 수요의 2퍼센트를 그급 넘길 뿐이죠. 터무니없이 낮은 점유율입니다.

지금과 같은 형편에서 점유율을 10퍼센트까지 늘리고자 한다면, 핵발진소가 1,600개쯤 더 건설되어야 합니다. 그렇게 되면 우라늄 매장량은 약 10년 안에 고갈되겠죠. 그 이후에는 재생에너지와 같은 대안을 찾아야 할 겁니다.

98 시대에 뒤떨어진 유물 ☢ 전 세계적으로 핵발전은 단계적으로 폐지될 위기에 처해 있습니다.

유럽에서는 46개국 가운데 18개국만이 핵발전소를 돌리고 있습니다. 그 가운데 2개국만 새 원자로를 건설 중이죠. 유럽연합 회원국 중에 27개 나라는, 원자로 수도 핵발전 전기 공급 비율도 모두 줄이고 있고요.

전 세계적으로 보면, 지난 10년 동안 총출력이 26기가와트에 이르는 원자로 35개가 새롭게 가동되기 시작했습니다. 그러나 현재 돌아가고 있는 438개 원자로 중에서 348개(총출력 293기가와트)는 이미 20년이 넘었습니다 .

이러한 노후 핵발전소를 교체하려면 지금부터 2030년까지 18.5일마다 새 핵발전소가 가동을 시작해야 합니다. 무척 비현실적인 얘기죠.

99 고용 창출 ⚛ 핵발전은 일자리를 위협하고 있습니다.

재생에너지는 독일 최대 고용 창출 분야입니다.

경제 위기에도 불과 몇 년 사이에 지속 가능하고 미래가 보장되는 일자리를 30만 개가 넘게 만들어 냈습니다. 지난 2년 동안에는 5만 개가 넘었죠. 독일 핵발전 산업은 다 합쳐도 고작 3만 5천 명을 고용할 뿐입니다.

녹색 전력이 계속 높은 점유율을 유지한다면 2020년까지 재생에너지 분야에서 일자리 20만 개가 더 창출될 것으로 보입니다.

하지만 핵발전소 가동이 연장되거나, 탈핵 자체를 취소하게 된다면 에너지 전환도 어렵게 될 뿐더러, 일자리 수십만 개가 위태로워지겠죠.

100 에너지 혁명 ⚛ 핵발전은 에너지 혁명을 가로막습니다.

핵발전은 에너지 공급 시스템을 다시 짜기 위한 모든 노력을 갉아먹습니다. 핵발전 업계는 자본을 움켜쥐고 전력 유통을 막아 분산형 재생에너지 확산을 늦추고 있습니다. 특히 핵발전 대기업들은 엄청난 이익과 영향력을 뺏기지 않으려고 재생에너지와 에너지 절약을 추진하는 움직임을 지난 수십 년간 방해했습니다.

101 당신의 의견이 옳습니다 ⚛ 마지막에 빠진 것 하나, 그것은 여러분의 의견입니다.

당연히, 그밖에도 핵발전을 반대하는 이유가 많이 있겠죠. 그래서 이 101번이 있습니다. 여러분의 의견을 받기 위해 남겨 둔 꼭지입니다. 만약 핵발전을 반대하는 새롭고 정당한 까닭을 알고 있다면 그 출처와 함께 info@100-gute-gruende.de로 보내 주세요. 영어나 독일어로 보내셔야 저희가 읽을 수 있습니다.

Elektrizitätswerke Schönau Vertriebs GmbH
Friedrichstrasse 53/55, 79677 Schönau 2009
info@ews-schoenau.de
www.ews-schoenau.de

시민이 이끈 에너지 민주주의

쇠나우 마을 발전소

글 다구치 리호
옮김 김송이
표지 그림 박나리

초판 1쇄 펴냄 2019년 3월 1일
　　　　3쇄 펴냄 2022년 5월 10일

편집 서혜영, 전광진
인쇄·제책 상지사 P&B
도서 주문·영업 대행 책의 미래　전화 02-332-0815 ｜ 팩스 02-6091-0815

펴낸 곳 상추쌈 출판사 ｜ **펴낸이** 전광진
출판 등록 2009년 10월 8일 제 544-2009-2호
주소 경남 하동군 악양면 부계1길 8　우편 번호 52305
전화 055-882-2008 ｜ **전자 우편** ssam@ssambook.net ｜ **누리집** ssambook.net

도움 주신 분 김서인(독일 바덴뷔르템베르크 주)
　　　　　　　김희윤(미국 위스콘신 주)
　　　　　　　장영조(일본 이바라키 현)

ISBN 978-89-967514-6-5　03300

독일 재생에너지 발전

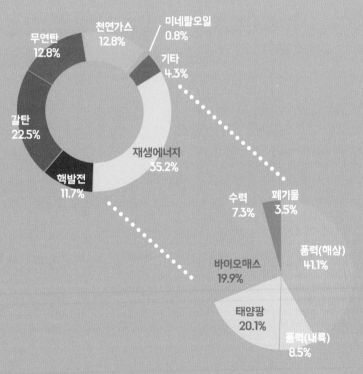

에너지원 종류별 발전량 비율 (2018)

천연가스
12.8%

미네랄오일
0.8%

무연탄
12.8%

기타
4.3%

갈탄
22.5%

재생에너지
35.2%

핵발전
11.7%

수력
7.3%

폐기물
3.5%

바이오매스
19.9%

풍력(해상)
41.1%

태양광
20.1%

풍력(내륙)
8.5%

재생에너지 종류별 발전량 비율 (2018)

에너지원 종류별 발전량 변화 (1990~2018) 단위 : TWh(테라와트시)

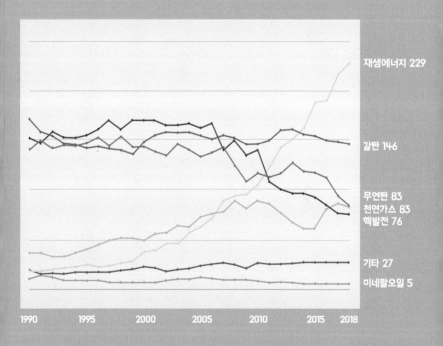

재생에너지 229

갈탄 146

무연탄 83
천연가스 83
핵발전 76

기타 27
미네랄오일 5

자료 출처 : CLEW (Clean Energy Wire)